智慧城市管理体系研究与实践

鲍薇　著

辽宁科学技术出版社

·沈阳·

图书在版编目（CIP）数据

智慧城市管理体系研究与实践 / 鲍薇著. — 沈阳：辽宁科学技术出版社，2023.6（2024.6重印）

ISBN 978-7-5591-3021-1

Ⅰ. ①智… Ⅱ. ①鲍… Ⅲ. ①智慧城市—城市管理—研究 Ⅳ. ①C912.81

中国国家版本馆 CIP 数据核字（2023）第 089916 号

出版发行：辽宁科学技术出版社
　　　　　（地址：沈阳市和平区十一纬路 25 号　邮编：110003）
印　刷　者：沈阳丰泽彩色包装印刷有限公司
经　销　者：各地新华书店
幅面尺寸：170mm × 240mm
印　　张：7.5
字　　数：170千字
出版时间：2023 年 6 月第 1 版
印刷时间：2024 年 6 月第 2 次印刷
责任编辑：孙　东　王丽颖
封面设计：刘梦杳
责任校对：鄢　格

书　　号：ISBN 978-7-5591-3021-1
定　　价：48.00元

前　言

　　近些年来，随着我国城镇化水平的不断提高，城市工作特别是城市管理工作越来越被社会所关注。伴随着城市管理体制改革的不断深化，在对传统城市管理思想、理念、方法和手段进行了深刻反思之后，数字化城市管理模式从诞生、试点到推广，再到党中央要求在全国市、县全面普及经过了十几年的历练而日臻成熟。实践充分证明，作为适应现代城市管理规律，符合城市管理体制改革取向的数字化城市管理模式，已经发展成为我国新时代城市管理的主导模式。我国的数字城市管理事业，已经走过了近15年的发展历程，在经历了由不认识到达成共识，由要我建到我要建，由试点到普及，由以部件、事件为重点的狭义城市管理到涵盖市政公用、市容环境、园林绿化乃至更宽泛领域的广义城市管理，由数字城市管理到向智慧城市管理升级，由城市管理到向城市治理过渡的嬗变之后，正在蓬蓬勃勃地向前发展。

　　目前，我国智慧化城市管理取得了令人瞩目的成就，为提高城市管理水平，推动经济社会发展做出了积极贡献，为新一轮城市管理体制改革进行了有益探索，并且在不断完善中保持强劲发展势头。智慧城市管理模式的这些成就以及发展趋势，既有体制机制、技术、业态等新模式的发展成果及自我完善，也有对城市管理事业乃至经济社会发展的助推作用和引导意义。这一切都表明，智慧城市管理模式代表着新时代城市管理的基本规律和发展方向，是"朝阳事业"，充满着强大生机和活力，并且已经发展成为新时期我国城市管理的主导模式和新常态。

　　鉴于此，笔者撰写了《智慧城市管理体系研究与实践》一书。本书阐述了智慧城市与智慧城市管理、智慧城市管理架构体系、智慧城市管理中的技术应用、智慧城市管理体制和机制创新、智慧化城市管理的展望、浙江省智慧城市管理绩效评价体系。本书内容翔实、逻辑合理，注重理论与实践相结合。

笔者在撰写本书的过程中，借鉴了许多专家和学者的研究成果，在此表示衷心的感谢。本书研究的课题涉及的内容十分宽泛，尽管笔者在写作过程中力求完美，但仍难免存在疏漏，恳请各位专家批评指正。

目 录
Contents

第一章　智慧城市与智慧城市管理概述

第一节　智慧城市的内涵与特征

随着新一代信息技术的发展和应用，城市建设和管理正逐渐向智慧化方向迈进。智慧城市的内涵和特征是什么，中国智慧城市建设的特色体现在哪些方面，如何构建智慧城市框架等，仍然是要进一步探究的问题。本节着力探索智慧城市的内涵和特征，为智慧城市建设和管理奠定理论基础。

一、智慧城市的内涵

智慧城市建设需要实现"智"和"慧"的充分融合及协同发展，既要运用新一代信息技术增进城市的"智"，又要构建良好的人文、生态、科技以及经济环境，提升城市的"慧"。

目前，智慧城市正处于初始阶段，需要透彻理解其含义，才能直面并解决城市发展过程中面临的诸多难题。基于前面的分析，智慧城市的内涵可以概括如下。

（一）新一代信息技术是打造智慧城市的根基

从智慧城市的概念可以发现，智慧城市的建设和发展离不开以物联网、大数据、云计算、互联网等为代表的新一代信息技术。其中，物联网技术可以促进城市治理的精准化，大数据技术能够为政府决策、城市治理、公众生活提供强有力的数据支持，云计算技术能够增进社会信息化水平并促进社会生产力变革，互联网技术保障了城市高速、畅通的信息交换，充分拓宽了信息的传播渠道和范围。多种新一代信息技术协同发力，共同推动智慧城市的发展。

(二) 人是智慧城市的核心

智慧城市的建设者、管理者以及服务对象均为生活在城市的人，人才是智慧城市发展的核心。首先，新一代信息技术能够促使人的智慧得到最大程度的发挥，这是因为新一代信息技术能够为人的决策提供充分的信息支撑，人能在此基础上更好地发挥自身的判断力和决策力，从而为城市制定更为高效和精准的发展策略。其次，智慧城市的宗旨应以人为本，这不仅因为智慧城市的建设和发展是为了给人创造更好的生活，还因为技术是为人服务的，是为了使人类的智慧得到更深刻的挖掘和发挥，人的存在才能使技术的价值得以充分彰显。

(三) 创新是智慧城市的灵魂

智慧城市打破了原有城市发展的模式，塑造了城市可持续发展的新面貌，而这种变革主要依赖创新，创新成为智慧城市建设和可持续发展的灵魂。城市是一个复杂庞大的系统，要使原本不智慧的城市发展为智慧城市，需要对城市的经济、社会、人文、环境等各领域进行创新性变革。既要充分在各领域使用新一代信息技术，变革原有的发展模式，又要充分将各领域进行协同融合，共同促进城市这个复杂系统的整体革新和进步。智慧城市的发展需要从城市的系统架构入手，充分融合人的"智慧"和新一代信息技术的"智能"，在城市各领域的各环节进行创新，从而构建真正的智慧城市，并使其获得可持续发展。

二、智慧城市的特征

智慧城市的特征着眼于描述那些推动智慧城市变得"智慧"，从而使其不同于其他城市的特点。结合智慧城市的内涵，任何城市发展的核心均是人，但促使智慧城市更"智慧"的原因主要是作为根基的新一代信息技术以及作为灵魂的创新精神，两者也造就了智慧城市与众不同的新特征。

(一) 广泛的互联互通

新一代信息技术在智慧城市中的充分应用不但推动了城市通过智能传

感器实现对不同物理空间物体的感知和测量，便于城市通过信息获取及传递实现物与物的有效互联，而且能将个人、组织和政府有关的分散信息进行连接、交互以及多方共享，从而实现不同主体之间的高效联通和充分协作，为城市发展提供充分的信息保障。

（二）系统的智能处理

物联网和互联网技术的有效应用能有效推动城市信息网的构建，并通过对多源异构数据的集成、融合和同化搭建庞大的城市系统。系统中心通过对所采集的海量数据进行深度加工和分析，提升信息的利用价值，从而为城市智能决策提供信息支撑。

（三）参与式的创新模式

智慧城市能够通过新一代信息技术将尽可能多的城市主体融合到智慧系统中，充分实现公众参与和社会协同。公众的有效参与可以为城市决策提供多渠道的信息来源，不但能够助力城市智慧决策，而且能够推动基于系统认同的创新获得成功，实现智慧城市以人为本的宗旨和可持续发展的目标。

第二节　中国特色的新型智慧城市

一、新型智慧城市的特点

传统的智慧城市建设主要围绕技术和管理，而作为使用技术的"人"并没有在传统智慧城市建设中引起足够的关注。与传统智慧城市不同的是，新型智慧城市建设更强调"人"的重要性，注重人与技术的互动，以及数据驱动下的信息与城市整体系统的协调，为生活在城市中的公众提供更好的居住和工作体验。综合而言，新型智慧城市建设有如下特点。

（一）实行数据开放，促进多主体对新型智慧城市的共建和共享

新型智慧城市的发展主要由数据驱动，政府应当在新型智慧城市建设中充分发挥数据的作用，使公众和企业等社会主体了解政府的整体规划，并

对规划不合理的地方提出建设性的意见，以在新型智慧城市建设中达成社会共识，实现新型智慧城市多主体参与的共建。另外，政府要对新型智慧城市建设中不同的公共服务进行高效的整合，其中不但包括政府供给的公共服务，而且包括企业和社会团体等其他社会主体供给的公共服务。公共服务的整合能够实现政府和其他社会主体对新型智慧城市的协作共赢，共同促进新型智慧城市的建设和发展。

(二) 推动公共服务的均等化和精准化，提高公众的获得感和幸福感

传统智慧城市建设的重点在于提高公共服务的供给水平，但所提供的公共服务多属于信息技能含量较高的服务。虽然大部分公众能够通过对有关信息技术的掌握而享受这些公共服务，但仍有部分弱势群体由于无法掌握有关技能或地处偏远落后地区而被排斥在公共服务之外，导致公共服务的不均等化。新型智慧城市在建设过程中针对该困局进行了诸多创新，不但通过多渠道供给来实现公共服务获取的便捷化，确保弱势群体同样能够享受高水平公共服务，而且全力支持国家新型城镇化战略，尽力消除数据鸿沟，确保公众能享受均等的公共服务，从而提高公众对公共服务的获得感。除此之外，新型智慧城市能通过对数据信息的智慧化分析，为不同公众提供精准化的公共服务供给，从而提高公众对公共服务的幸福感。

(三) 打破中小城市的发展局限，实现城市特色化

智慧城市来源于大城市，最早建设和发展智慧城市的也都是大城市。大城市拥有较好的禀赋，有充足的实力推动新一代信息技术的使用，这使得智慧城市的发展模式并没有办法直接应用到中小城市，长此以往，便会导致大城市与中小城市的脱节。新型智慧城市能够很好地打破这一困局，突破中小城市在智慧城市建设和发展方面的局限与障碍。这是因为新型智慧城市并没有将大城市的发展模式照搬到中小城市，而是打破了智慧城市同构化的思路，注重中小城市的特色，推动中小城市在发展智慧城市方面实现特色化，如建设特色化小镇和特色化经济区、推动地区多样化发展等，以充分发展中小城市的优势，实现中小城市新型智慧城市的可持续发展。

二、新型智慧城市的目标

新型智慧城市的核心是"人",因此,在发展中不但注重信息技术的使用和数据的共享,而且注重人的参与以及技术与人的充分互动,以更好地实现城市的可持续发展。新型智慧城市建设和发展过程旨在实现以下目标。

(一)以数据开放共享、推动政府信息共融为目标

新型智慧城市建设主要由数据驱动。作为新型智慧城市建设的主要规划者和执行者,政府应当打破原有的数据壁垒,促进数据在不同层级和不同部门之间自由流动,充分实现数据的开放共享,建成透明高效的在线政府,为政府制定系统全面的新型智慧城市方案提供信息支撑。同时,政府应构建政务信息资源共融共享体系,通过对多源异构数据进行挖掘和处理,实现人口、经济、政务、民生、地理信息等基础数据的综合,便于公众查阅和监督,为政府新型智慧城市建设规划出谋划策。

(二)以构建系统的公共服务体系、全面提升公共服务质量为目标

新型智慧城市建设以为人民服务为目标,旨在提升公共服务质量,使人民享受全方位的、更好的公共服务。为了达成这个目标,新型智慧城市在建设和发展过程中构建了系统化的智慧民生服务体系,不但能够为公众提供全面高效的公共服务,实现公共服务供给的清廉化和均等化,而且能够充分实现教育、社保、就业、养老、医疗、公共安全、食品安全、社区服务、家庭服务等智慧民生服务信息的互联互通,真正实现不同领域和不同类型公共服务的数据共享与服务协同。

(三)以搭建一体化治理平台、实现城市高效治理为目标

新型智慧城市的目标是实现高效有序的城市治理,以推动城市运转的各环节和各领域协同发展,提升城市治理体系和治理能力的现代化水平。为了实现这个目标,新型智慧城市要搭建一体化的城市治理平台,将城市治理的多个环节和多个领域纳入该平台中,并以数据为主要驱动力,打破城市治理中不同领域和不同环节之间的信息壁垒,实现城市中海量信息的自由流动

和互通共享，以推动城市治理的系统化决策和智慧化决策，实现高效的新型智慧城市治理目标。

三、新型智慧城市建设重点

新型智慧城市主要以在数据驱动下实现为人民服务为宗旨。数据驱动离不开相关设备和工程的支撑，数据和信息需要通过相关设备在不同的系统与平台间进行共享共融。因此，新型智慧城市建设重点围绕以下方面。

(一) 构建开放的体系架构

新型智慧城市是一个复杂综合的大型系统，要实现系统中数据的共享共融，就要在建设时运用系统工程的方法，构建一个开放的体系架构，秉承对共用功能进行强化，对通用功能进行整合，并将应用进行开放的原则，推进新型智慧城市的建设和可持续发展。

(二) 构建共用的一体化网络

新型智慧城市建设主要通过物联网技术的应用实现对城市万物的感知，并通过互联网技术的应用实现数据和信息的自由流动以及共享共通。为了将城市作为一个整体的系统进行感知和分析，需要构建共用的一体化网络，实现对城市万物的精准感知和信息的互联互通，为新型智慧城市建设奠定坚实的基础。

(三) 搭建通用功能平台

新型智慧城市建设需要实现高效的城市治理和高水平的公共服务的目标，这就关系到城市不同领域间的协同配合，而这些领域会有通用的功能和信息资源。因此，新型智慧城市建设需要搭建一个通用功能平台，将城市基础信息资源进行整合，实现数据和信息的融合共用，提升城市的社会治理及公共服务供给的智慧化水平。

(四) 建立统一的运行中心

新型智慧城市需要对城市生活所涉及的公共交通、市政设施、生态环境、公共安全、经济发展、民生民意等各项事务进行清晰地把握和高效地管理。因此，新型智慧城市需要建立统一的城市运行中心，能够有效推进不同城市资源的汇聚共享及协调联动，真正实现城市管理的高效化和精准化。

(五) 设置技术创新与标准体系

标准化是实现城市各领域和各部门有效对接的基础保障。因此，新型智慧城市需要设置技术创新与标准体系，包含新型智慧城市建设、改革、评价等方面，结合不同城市的发展特色，实现对新型智慧城市建设和发展过程中的各事项的分类规划，让新型智慧城市建设有据可依，从而推进新型智慧城市规范有序发展。

第三节　智慧城市管理概述

随着信息技术的飞速发展、大数据时代的到来、城镇化发展的需要以及人们对美好生活的向往，城市管理面临新挑战、新机遇和新问题。城市管理中出现了许多智能化的需求，传统的数字城市管理无法满足这些需求，在这样的背景下，智慧城市管理应运而生。智慧城市管理不再只强调信息采集阶段的智能化，在决策和应对方案层面，也要求实现智能化和智慧化。

一、智慧城市管理的内涵

智慧城市管理是智慧城市的重要组成部分，是智慧城市的基础。它是以数字化城市管理信息系统的闭环流程为基础，综合应用物联网、云计算、大数据、人工智能等新一代信息技术和手段，城市综合管理、服务的全要素，构建集感知、分析、服务、指挥、监察"五位一体"的智慧管理模式。它致力于将各部门的信息打通，实现共享和协调，从而推动以用户创新、开放创新、大众创新、协同创新为特征的以人为本的可持续创新。其主要理念是以人为主体的管理对象，以人为本的可持续创新，结合城市综合运行管理的机制实现城市"泛感知、智应用、大数据、网格化、精细化"的综合管理。

城市管理是城市健康运行和经济社会可持续发展的基础保障，城市管理的数字化、精细化、智能化和社会化是我国新型城镇化发展战略的重大要求。随着社会的不断发展，城市管理涉及的问题越来越多，且种类繁杂，触及人民群众的切身利益，影响广大市民城市生活的"幸福感"，而智慧城市管理可以通过一系列智慧化的途径与手段来解决这些问题，在智慧城市建设中扮演着十分重要的角色。

智慧城市管理强调"广泛互联、动态监管、信息共享、辅助决策、互动服务"，它不是一个简单的"数字城市管理＋拓展子系统"的概念，而是在数字城市管理的基础上构建的城市管理新模式，是城市管理信息化的第二次变革和工作流程再造，它包括了对市政公用、市容环卫、园林绿化、城市管理执法等相关业务信息化、智能化、智慧化的全移动、全集成和全融合。

二、数字城市管理与智慧城市管理的区别

数字城市管理是智慧城市管理的基础平台，智慧城市管理是基于数字城市管理的升级重构，从数字城市管理升级到智慧城市管理。除了功能有所扩展外，更重要的是技术背景、管理对象、资源共享程度等方面的全面更新，具体表现在以下6个方面。

(一) 功能区别

数字城市管理是利用地理空间信息技术，通过构建城市事件、部件信息，初步提高城市管理的业务效率，强化责任主体间的协同合作。智慧城市管理则是大规模采用传感技术、智能化技术，实现对城市管理运行状态全面、实时、自动的感知，促进城市管理的集约化和智能化。

(二) 技术背景

数字城市管理主要依赖传统的互联网以及城市地理信息系统。智慧城市管理主要采用云计算、互联网、物联网、移动通信、App 等最新技术。

(三) 管理对象

数字城市管理的管理对象主要包括地理信息系统的部件和事件，具体以物和事为中心，通过监督指挥中心来实现城市管理的监督协同。智慧城

管理则主要以人为核心，注重实现"人、地、物、事、组织"的全方位一体化管理，通过全民参与的方式来解决城市管理中的难点。

(四) 信息资源共享度

数字城市管理主要以地理网格为基础，通过专业队伍收集信息资源，同时对数据进行普查和划分，从而实现有限共享。智慧城市管理则是大规模收集城市数据，通过泛在网络、移动通信等技术，提供随时随地的互联服务，从而实现数据的全方位开放及高度共享。

(五) 公众参与度

数字城市管理通过构建专门的监督指挥中心，开通城市管理服务热线，实现与公众的有限互动。智慧城市管理则是全方位收集信息资源，同时通过开发手机 App 和官方网站等，拓宽公众参与城市管理的渠道，充分体现以人为本的服务理念。

(六) 预期目标

数字城市管理主要以通过信息技术提高城市管理效率为目标。智慧城市管理注重以人为中心，以提高公众满意度为最终目标，致力于深化政府、社会、市场、市民的共同参与，从而创造公共价值。

总之，智慧城市管理是在数字城市管理的基础上，结合新一代大数据、云计算、物联网等技术，注重以人为中心的创新城市管理模式。随着相关技术的不断发展与完善，以及相应管理理念的不断深入，智慧城市管理平台会越来越完善，城市管理效率会越来越高，人们生活在这样的城市中一定会越来越幸福。

三、智慧城市管理建设内容

2015 年，中共中央国务院《关于深入推进城市执法体制改革改进城市管理工作的指导意见》明确提出，城市管理的主要职责是市政管理、环境管理、交通管理、应急管理和城市规划实施管理等。具体实施范围包括市政公用设施运行管理、市容环境卫生管理、园林绿化管理等方面的全部工作；

市、县政府依法确定的，与城市管理密切相关，需要纳入统一管理的公共空间秩序管理、违法建设治理、环境保护管理、交通管理、应急管理等方面的部分工作。城市管理执法即在上述领域根据国家法律法规履行行政执法权力的行为。至此，智慧城市管理的建设主要涵盖市政公用设施、环境卫生管理、园林绿化管理及城市管理执法4个方面的内容。

（一）市政公用设施

市政公用设施主要包括城市道路设施、城市桥涵设施、城市公用停车场及临时占道停车设施、城市排水设施、城市照明设施及城市燃气、供水、供电、通信、公共交通等为人民生产和生活提供基础保障的公共设施。随着社会经济不断发展、城市建设不断推进，市政公用设施管理的现代化和智慧化变得更加重要。

1. 城市照明

城市照明可分为功能性照明和景观灯饰，主要包括城市的街道、广场、公园绿地、楼宇等区域的照明。智能照明通过物联网技术实现对城市照明、景观灯饰、电源线路、变压器等设备的实时状态监测、远程管理、能耗管理、故障预警等功能的操控。例如，在城市道路上，用路灯灯杆为载体，改造加装风速、温度、湿度、噪声、粉尘污染等传感器以及摄像头、快速充电、LED屏等设备，并进行集中管理；全天候亮灯的路桥隧道，使用智能照明系统，可根据时间、光照等情况预设不同区域的开关灯时间，自动调节亮度；智慧路灯损坏时，系统实现自动报警、主动派单，工作人员可通过系统、短信、微信等多种方式接收派单信息，通过全球定位系统（GPS）定位及时到点维修。

2. 城市停车

城市停车主要包含公共停车场和路侧停车两大部分。智能停车管理实现车辆通行动态交通与停车管理静态交通有机结合，可通过泊位信息、停车热力、诱导展示等功能实现停车位基础数据、泊位利用数据、重点业务动态数据分析，助推停车智慧管理。例如，智能收费系统可支持现金、微信、支付宝等多种支付方式，方便群众停车缴费；停车位热力图根据实际居住居民机动车持有量与市政停车泊位的分析，结合地理信息系统，可以直观展现停车数据，进一步预测公共停车场的需求量；诱导展示屏主要安装在停车场出入口或停车场内各个控制区域，实时发布停车场区域剩余车位数，引导车主快速找到停车位。

3. 桥隧管理

在桥隧管理工作中，养护维修管理是重中之重。桥隧管理主要针对桥梁、隧道及边坡进行物联感知监测及数据采集分析预警。桥隧坡智能监测系统通过安装沉降、位移、超载等专业检测设备，对桥隧坡等设施安全运行状态进行实时监测、智能分析，便于及时发现安全隐患，有效采取处置措施。例如，桥隧管理人员可以足不出户，通过智能监测系统查看桥梁、隧道、边坡是否处于正常状态。

4. 城市排水

随着城市建设的快速发展，城市排水设施也迅速增加，传统管理在一定程度上存在"市政下井活鸡探测""城市血管经验管理"的情况。智慧排水主要是以普查数据为基础，通过物联感知设备对地下管网及井盖设施进行监测管理。智慧城市管理通过信息化手段进行监管，对地下排水管网进行普查，摸清基础数据，利用管道视频信息化手段检测仪、声呐探头、爬行机器人、智能井盖等设备实现管道病害远程实时判读。通过视频监控，对排水设施、排水口进行 24 小时监控，提高管理效率。通过排水管网系统管网数据库和地理信息系统，可以实现市政设施日常管理、工程改造、应急抢险等工作，减少人员下井作业风险。

（二）环境卫生管理

环境卫生管理主要包含城市街巷、道路、公共场所、水域等区域的环境整洁，城市垃圾、粪便等生活废弃物收集、清除、运输、中转、处理、综合利用，城市环境卫生设施规划、建设等。人民生活水平不断提高，对优美生活环境的要求也不断提高，发展智慧环卫对智慧城市建设意义重大，发展智慧环卫是解决行业效率痛点的重要途径。智慧环卫系统通过车载视频、环卫通等设备，自动记录环卫作业时间、频次、路线和区域，自动生成数据报告，实现作业动态监管，根据自动生成的数据实现绩效考核评价一键化。

例如，智慧环卫可以实现对作业车辆、作业人员、环卫设施的作业排班实时监测、作业轨迹跟踪及作业能效等综合管理。利用该系统可以对环卫人员进行排班管理，实现人员调度管理；根据对环卫工人作业时间进行跟踪，实现工作的智能考核。

(三) 园林绿化管理

园林绿化管理是指行政主管部门依法对城市的各种绿地、林地、公园、风景游览区和苗圃等进行的建设、养护和管理。园林主要包括公园、花园、植物园、动物园以及庭院等供人们游憩的地方，其中公园包括自然公园、城市公园等。此外，风景名胜区、自然保护区以及休养圣地也都属于园林的范畴。园林绿化是城市最具生命力的绿色基础设施，将科技注入城市绿化管理、打造智慧园林成为一种发展趋势。智慧园林就是运用"互联网＋"思维和物联网、大数据、云计算、互联网、智能终端等新一代信息技术，与现代生态园林相融合，建立智慧园林数据库，把人与自然用智慧的方式连接起来，达到人与自然互感、互知和互动。

例如，智慧园林管理主要包含街面绿化养护智慧管理、智慧景区和智慧公园建设。街面绿化养护智慧管理主要通过对作业单位、作业人员的管理实现街面绿化养护的高水准，从基础数据管理、养护作业管理、日常养护管理、人员物资管理等方面着手，逐步形成"专业化、标准化、精细化"的管理方式，并以此为基础建立统一的园林绿化养护精细化管理工作机制，实现绿化养护作业标准化、体制、机制规范化、监管考评透明化、费效比例最优化，规范和引导绿化养护市场健康的发展。

实现智慧景区，主要从景区信息服务能力、景区电子商务能力、景区运营监管能力等方面入手。企业可基于云计算等技术建立旅游电子商务，提供廉价、高质量和安全的服务。通过运用射频识别技术（RFID）的手机、二维码系统、电子票务系统和微信公众号，及时将景点信息推送给游客，使其有更好的旅游体验。

智慧公园的管理从园林信息管理、公园资源数据的更新与管理、便捷的信息查询等方面实现。建立公园空间数据库，将公园建筑设施、空间分布等信息整合，方便查阅和统计各类绿化植物的信息，这样既能控制绿化总貌，又能对细节了如指掌，实现彻底管理。利用遥感影像等技术对公园绿地的结构、种类、分布等信息进行归纳，了解公园绿地覆盖率，提高数据的实时性。及时更新数据，为公园的规划与建设提供数据基础。准确快速检索、查询公园信息，提供绿化的技术资料，有利于提高施工与建设的效率，减少不必要的损失。

智慧公园还需要对公园资源基础数据管理的整合进行数字化，对植物和动物管理过程进行信息化，实现动植物研究、分析、评价的信息化以及园区管理和游客服务信息化。建立基础设施资源管理信息平台、园区智能管理平台、植物抚育养护和动物科学生长跟踪管理研究系统平台以及面向不同对象的服务信息平台是最终目标。

（四）城市管理执法

城市管理执法是指城市管理执法主管部门在城市管理领域根据法律、法规、规章、规定履行行政处罚、行政强制等行政执法职责的行为。将现代先进技术应用到城市管理执法是其改革和创新的根本，通过物联网和互联网技术实现城市管理执法的智能化，提高执法效率。城市管理执法系统实现"人脸识别、车牌识别、执法呼叫、实时拍摄、现场开单、人员定位"六位一体，通过人员准入、勤务管理、城市征信等18个子系统，实现执法人员全监管，执法过程全记录，执法业务全覆盖，城市征信全收集。

例如，智慧执法通过实时的音频和视频实现可视化指挥调度，调度内容包括全局资源可视化调度、多终端视频调度、灵活语音调度和快速位置调度，提高了执法的灵活性和智能性；通过上岗考勤、巡逻路线、工作过程自动化监督等方式，实现人员常态工作精细化管理；在执法过程中，队员一旦发现问题要及时上报处理，实现单位内部事件流转小循环，提升事件处理的效率；利用音视频录制等工具实现全过程记录，从而实现快速取证、统一管理、云共享和执法案件管理等；实现对执法队伍的监察考核，帮助执法单位建立长期有效的考核机制，全面提升执法队伍的规范性。

第二章 智慧城市管理架构体系

第一节 智慧城市管理大数据中心

智慧城市是城市发展过程中的重难点，需要利用大数据技术作为支撑。目前，智慧城市发展还处在不断探索中，大数据中心的设计并没有统一的标准，需要通过实际情况实现科学组织架构的创建，实现各单位、政府与市民相连接的功能，促进社会经济的持续发展。

一、大数据的概念

当人们走进餐馆吃饭的时候，所有的菜名以及价格等通过菜单直观地展现给人们，这些用一张纸所呈现的东西就是人们俗称的数据。日常生活中还有很多形形色色的数据，如：物体的长、宽和高；人的身高、体重；学生的数量、男女比例、教职工人数等。这些数据是可以直观感受到的，那么大数据和这些数据之间有什么不同之处呢？顾名思义，大数据可以理解为大量的数据。数据要大到什么程度才能称为大数据呢？大到无法通过人脑来直观统计的数据才能称为大数据。

正是大数据所包含的数据量过于庞大，在处理数据的时候需要采用高性能分布式计算。分布式计算是将巨大的数据计算任务分成计算机可以承受的小任务，实现并行处理，这样可以大大提高数据的处理速度。目前，主流的高性能分布式计算有 Hadoop, Storm 和 Spark 等。

以上所提及的只是大数据的一个特点，除了数据量大，大数据还具有其他的特点，如数据的异构性。异构是指一个整体由多个不同的成分构成。例如，一辆汽车的零部件可以由不同的国家分别制造，这些零部件共同构成了这辆汽车。可以说这辆汽车是异构的。通常，大数据由结构化、半结构化以及非结构化数据构成。表格就是一种结构化数据；邮件、报表和资源库等是半结构化数据，典型的场景有邮件系统、档案系统等；视频、音频、图像等形式的数据是非结构化数据。总的来说，现在的数据不只是简单的数字组合，还可能是图片、视频、地理位置信息等多种类型的数据，这些数据形式所容纳的信息越来越丰富。

处理大数据时大多采用非关系型数据库以存储多种多样的数据类型，如用文档型数据库存储集合数据，用图数据库存储以节点属性为基础的数据，用内存数据库将数据放在内存上直接进行操作等。目前的非关系型数据库是存储异构性数据的主流解决方案，主要包括 Redis, MongoDB, HBase 等。

在大数据技术中，数据的可视化是重要的组成部分。可视化帮助人们更好地分析数据，借助图形化的手段，清晰地将数据信息展现出来。目前受欢迎的大数据可视化工具主要有 Jupyter, Tableau, Google Chart, 7S 等。通过这些工具可以实现将数据本身的价值直观地展现出来。

二、大数据和智慧城市的关系

大数据和智慧城市建设密切相关，能够提高城市管理效率，即大数据能够促进智慧城市的发展，能够帮助我们感知城市的运行状态。同时，智慧城市中的数据量较大，数据的使用比较广泛，包括基础性、实时动态性和移动数据等，从而实现两者的协调发展。

在智慧城市建设过程中，将人作为主体，主要特点为空间的使用，主要目的为集聚效益。将城市数据的分类、规律作为基础，要划分不同行业部门和应用领域。根据数据获取方式，智慧城市所涉及的数据包括如下内容。一是地理数据。是城市数据的基础与关键构成，包括瓦片数据、矢量数据、索引数据、表格数据和栅格数据等。二是业务数据。各行政部门和行业的专题数据，包括医疗卫生、金融物价、人口户籍和城市规划等。三是实时数据。实时更新数据对数据的实时性要求较高，如天气、环境、客流量等数据。

三、智慧城市大数据中心功能分析

在"十四五"规划中，明确提出了加快数字化发展的目标，而建设智慧城市、打造以数据为核心的数字化产业体系正是实现这一目标的可行路径。

(一)智慧城市大数据中心相关职能

智慧城市大数据中心的主要职能体现在3个方面:一是开展与城市综合治理相关的政务服务和活动;二是面向市民提供优质公共服务产品;三是支持与城市发展密切相关的生产经营活动。政府部门、企事业单位、管理机构、广大市民都是智慧城市大数据中心建设的受益方,这些相关方扮演了不同的角色,政府相关部门通过政务信息系统为社会提供政务服务,同时对市场经营和公共服务进行有效监管。企事业单位在行业应用系统的支持下进行生产经营活动,提供公共服务产品,并接受相关部门的服务与监督,实现生产经营活动成果的共享。

市民群众可以通过手机 App 或者应用门户接收公共服务,享受政府部门及社会机构提供的产品。智慧城市大数据中心成为连接各社会主体的纽带,为政务活动、公共管理、生产经营提供了有力支持[1]。

(二)智慧城市大数据中心主要功能

智慧城市大数据中心的主要功能包括数据服务功能和智慧城市应用功能。其中,数据服务功能主要指大数据中心的收集、分析、处理、分享海量数据的能力,利用有价值的信息,为各类生产经营活动开展、监督管理等方面提供科学决策,政务信息系统和行业应用系统既是这项功能的提供方,又是这项功能的使用方。

四、智慧城市大数据中心架构探索

(一)智慧城市大数据中心总体架构

根据现阶段的建设经验,智慧城市大数据中心总体架构主要包括应用服务网关、大数据基础设施层、大数据服务层、大数据应用层等方面。广大市民、企事业单位、政府相关部门分别通过互联网、行业应用系统、政务信息系统访问大数据中心,而应用服务网关提供了统一的访问点,能够对访问

---

① 李帆.智慧城市大数据中心功能与架构探讨[J].智能建筑与智慧城市,2018(12):67-69.

权限进行有效管理。大数据基础设施层主要包括网络设施、存储设施、计算设施，能够为服务层和应用层提供安全可靠的运行环境。大数据服务层主要包括数据清洗整合服务、数据分析挖掘服务、数据交换共享服务，能够保障各类数据服务业务的顺利实现。智慧城市大数据中心与政务信息系统、行业应用系统、互联网应用有信息交互接口，为各种服务对象提供功能支持[①]。

(二)智慧城市大数据中心架构分解

1. 应用服务网关

应用服务网关为各种用户提供统一访问点，为服务查询、授权管理、登录认证等操作提供支持。现阶段，智慧城市和大数据服务采用的技术体制并不统一，在服务接口、传输与处理延时、数据量等方面存在一定差异，所以，在面对不同智慧城市运用和大数据服务时，可以选择适宜的应用服务网关实现路径，以实现高效率的信息交互处理。

2. 大数据基础设施层

大数据基础设施层涵盖网络设施、存储设施、计算设施，为应用层和服务层提供了安全可靠的运行环境。其中，网络设施主要由前端网络和后端网络组成，前端网络能够实现计算设施之间以及计算设施与外部接口的有效连接，而后端网络则完成了计算设施和存储设施的有效连接。存储设施主要包括两个系统，一个是通用网络存储系统，另一个是分布式存储系统。计算设施主要包括通用的云计算平台和大数据一体机，大数据一体机能够对数据分析挖掘、数据清洗整合进行优化，有效提高计算质量和效率[②]。

3. 大数据服务层

大数据服务层为外部应用系统和大数据应用层提供数据服务，包括数据清洗整合、数据分析挖掘、数据交换共享，与之对应地形成了诸多分系统。其中，数据清洗整合分系统能够清洗原始数据，对那些不符合要求、不完整、有矛盾或错误的数据进行识别处理，同时，有效整合在表面上属于不同数据源但存在内部逻辑关系的数据，从而构建质量较高的主题数据库和基

① 马照亭，刘勇，沈建明，等. 智慧城市时空大数据平台建设的问题思考 [J]. 测绘科学，2019，44(6)：279-284.
② 李德仁，姚远，邵振峰. 智慧城市中的大数据 [J]. 武汉大学学报(信息科学版)，2014，39(6)：631-640.

础数据库。数据分析挖掘分系统是一种可扩展、可通用的大数据分析挖掘工具，对定制化数据分析挖掘插件提供支持，方便根据特定要求对原始数据、主题数据、基础数据进行分析统计。

4.大数据应用层

大数据应用层包含智慧城市多种应用系统。这些应用能够提供公共服务和政务活动，其服务端运行于智慧城市大数据中心，客户端有手机 App、门户网站、微信公众号等，方便通过网络随时随地访问，让广大市民能够更好地体验智慧城市应用系统带来的便利。与基础设施层和服务层相比，大数据应用层体现出明显的个性化、定制化特点，在不同国家不同城市，需要根据实际情况，发展符合实际需求的应用系统，更好地拉近人们与城市之间的距离，满足日常的生产生活需求[①]。

5.支撑保障分系统

支撑保障分系统主要是为大数据中心管理机构服务的，为业务运营和内部管理提供支持，主要功能包括安全保障、业务运营管理、系统运维管理等。其中，安全保障能够维护大数据中心系统安全稳定运行，让用户得到可靠的服务和体验，保证信息的完整性、机密性、真实性。业务运营管理针对的是各类应用与服务的运行状态，并且管理各种用户的使用权限、档案等方面内容。系统运维管理主要包括事件管理、配置管理、日志管理、故障管理等，需要针对大数据中心各软硬件的正常运转，完成监控状态、参数调整、日志记录、故障排查、异常预警等工作。这 3 个方面共同实现了支撑保障分系统的主要功能[②]。

---

① 滕吉文，司芗，刘少华.当代新型智慧城市属性、理念、构筑与大数据 [J].科学技术与工程，2019，19(36)：1-20.

② 陈红松，韩至，邓淑宁.智慧城市中大数据安全分析与研究 [J].信息网络安全，2015(7)：1-6.

第二节 智慧城市管理平台

一、综合监督管理平台

在智慧城市管理的建设中不仅要考虑内部信息资源的有效融合，还要考虑智慧城市管理与其他智慧项目之间的数据共享与融合。智慧城市管理通过融合各方信息，使智慧城市管理应用平台与智慧城市的其他应用平台建立开放、共享和联动机制，从而实现横、纵向的多向互联互通。通过对外部应用的开放来实现数据、流程的衔接与畅通，进而实现协作与联动。综合监督管理平台主要包括基础平台架构、扩展系统、移动监督指挥系统、车辆管理系统、视频管理系统、应急指挥调度平台、网络化分级评价管理等。

（一）基础平台架构

基础平台架构主要由数据采集子系统、业务受理子系统、协同工作子系统、综合评价子系统、监督指挥子系统、基础数据资源管理子系统、地理编码子系统、数据交换子系统、应用维护子系统组成。基础平台架构如下。

1. 数据采集子系统

数据采集子系统主要用于实现采集员在管理范围内的巡查过程中向中心上报城市管理问题信息，接受中心的任务指令并反馈。其功能可实现对城市综合管理问题的信息采集、核实、反馈、自行处置等操作，并且具备地图定位、部件信息的更新、通知、以及系统设置等辅助功能。

2. 业务受理子系统

业务受理子系统受理各种来源的城市管理问题，包括公众通过电话等途径举报的城市管理问题和监督员使用城市管理通上报的各类问题。对公众举报的问题，用户通过该系统能够快速定位问题地址，判断问题分类，对问题进行核实，并根据核实结果决定立案或不受理。监督员上报的问题可以直接进行立案处理。在问题处理完毕后，接线员可以通过系统将问题发送到城市管理通上，由监督员进行问题的核查。

系统将任务派遣、任务处理反馈、任务核查、任务结案归档等环节关联起来，实现监督中心、指挥中心、各专业管理部门和政府之间的资源共享、协同工作和协同督办。

3. 协同工作子系统

协同工作子系统是一个日常办公平台，业务管理人员通过它对业务流程中的各个案件进行监督和管理，对案件处理以及流转信息进行全程控制，并在案件上填写意见和审批信息。

4. 综合评价子系统

综合评价子系统基于受理子系统、协同工作子系统和城市管理地理信息系统，运用综合评价模型，实时或定期统计，将信息化技术、监督评价的工作模式应用到数字城市管理中，建设城市管理综合评价系统。

5. 监督指挥子系统

监督指挥子系统实现信息实时监控，便于监督中心、指挥中心和各级领导清楚地了解城市管理的状况。可通过大屏幕直观地掌握各个区域的城市部件(事件)信息、业务办理信息、综合评价信息等全局情况。

6. 基础数据资源管理子系统

基础数据资源管理子系统主要用于实现基础资源管理平台的快速搭建和配置，实现地图数据的专题配置。

7. 地理编码子系统

地理编码子系统是数字城市管理重要的支撑系统之一，数字城市地理编码技术提供了一种把具有地理位置的信息资源赋予地理坐标编码，进而可以被计算机所识别的技术。

8. 数据交换子系统

数据交换子系统的数据信息包括问题信息、业务办理信息、综合评价信息子系统，主要用于实现与上一级城市的信息交换。通过建立统一的政务信息交换标准规范及数据交换系统，实现城市电子政务信息的整合与共享。

9. 应用维护子系统

应用维护子系统是为整个城市管理系统的配置、维护以及管理提供服务的，它能实现组织机构、工作流、表格等城市管理相关信息的配置，支持对数字城市管理业务的扩展。

(二) 扩展系统

扩展系统是在基础系统上对业务应用进行扩展，包括案卷自动派遣子系统、自动预警子系统、多维分析子系统、移动处置子系统、部件在线更新子系统、目标定位循迹系统等。

1. 案卷自动派遣子系统

案卷自动派遣子系统是为提高处理案卷办理效率，减轻岗位人员的处理压力，在现有系统的基础上增加对案卷自动派遣的功能。操作员对案卷预立案以后，案卷可以直接派遣到专业部门进行处置。

2. 自动预警子系统

自动预警子系统能够提供高发问题的自动预警功能，便于监督指挥中心随时了解城市管理问题的现状，并根据不同的问题级别进行应急指挥，以提高系统的智能化水平。

3. 多维分析子系统

多维分析子系统能够对城市管理现状进行动态分析并反映其宏观状态，对不同来源的问题提供基于区域的动态分析，并显示该类问题在区域的分布状况，以便用户能够针对重点区域进行警示以及快速作出决策判断。

4. 移动处置子系统

用户可以通过该系统在移动终端获取待办任务，查看待办任务详情、办理过程，进行案卷批转。

5. 部件在线更新子系统

部件在线更新子系统主要是对新增、消失、变更的部件地理信息以及兴趣点、门牌楼地址等 POI 信息的变更进行采集处理，并且按照数字城市管理地理信息编码标准进行编码、入库。

6. 目标定位循迹系统

目标定位循迹系统准确地掌握人员、车辆的工作动态，实现实时定位，记录工作轨迹，形成统一监督、统一管理和统一调度，提供有力的数据支持，解决人员监督存在不及时、监督管理被动后置等弊端。

（三）移动监督指挥系统

移动监督指挥系统依托物联网及 GPS 技术与 5G 或向下兼容的移动网络，通过在移动监督指挥车辆上部署各类软、硬件设备使系统同时具备业务巡查、通信指挥、移动监督、应急保障等功能，协同立体作业方式更好地发挥了高效、精准的特点，加速城市管理业务流程的运转，保障和提升智慧城市管理服务水平。预留监督指挥标准接口与权限管理，便于其他业务系统的使用与接入。

1. 移动巡查系统

巡查人员通过手机、单兵设备等移动终端进行城市管理问题的日常巡查办理；利用车辆机动性快速覆盖巡查重点区域，特别是完成巡查人员难以到达的高架桥、车行道、隧道等设施周边的巡查工作，通过车载摄像机前端抓拍与后台系统分析算法结合，实现城市管理问题的智能采集上报。

2. 移动监督系统

移动监督系统对上报问题进行远程办理。在移动环境中工作人员可以进行案件受理、立案、派遣、核查、结案等环节的操作，领导可以进行案件指挥、督办，形成移动的小型指挥中心。

3. 应急通信系统

应急通信系统通过移动互联网、电台综合组网，形成运营中心、移动监督指挥车、单兵视频对讲为一体的立体指挥体系，在应急指挥全过程中确保前端信息传输与后端指挥调度指令的互通。

（四）车辆管理系统

1. 车辆基础管理系统

车辆基础管理系统包括行车线路管理、排班管理、路单管理、道路救援登记、维修跟踪、车辆综合查询、临时调度、交班日志管理及报警提醒等。

该系统通过 GPS 以及前端设备精确采集信息，并且及时进行运营路线的相关配置，达到现实车辆调度要求：做到点、车、线一体，排班、出车、路单联动；具备实时监控功能，与中心进行信息互动，确保运行正常，设置如限速、超车、线路等报警提醒功能，可以根据不同的类型进行设置，如时间、范围等，满足实际过程中的各种设置需求，提供良好的人机交互条件；在进行道路救援登记、维修跟踪时做好接口的设计，方便与其他系统对接。

2. 作业车辆管理系统

作业车辆管理系统对作业车辆进行实时监控，对其运行路线、里程、油耗、超速、超时停车、维护保养记录等信息进行实时监控，并对违规事件实时报警，以确保城市管理作业正常运转。

3. 公务车辆管理系统

公务车辆管理系统主要对公务车辆的运行路线、里程、油耗、超速、超时停车、维护保养记录等信息进行实时监控，并对违规事件实时报警，以确保作业正常运转。日常调度管理人员可以在计算机上通过客户端及浏览器对车辆进行实时监控。

在车辆综合监督管理系统的基础上，针对公务车辆管理增加用车申请与审批、用车管控、基本信息管理等功能。

（五）视频管理系统

视频管理系统可以整合公安平联视频资源、自建视频资源，接入移动单兵执法一体通、车载记录仪等智能设备的频源，同时，把巡查车、地理信息采集与移动监督指挥系统的车载移动视频作为移动视频源，对固定设备辐射不到、城市管理易发、多发问题的区域实施移动监控，并对监督指挥中心共享视频图像资源，便于实时对城市管理运行情况进行24小时不间断监督。

作为智慧城市管理平台重要建设内容的视频监控系统，各地方需要严格参照相关文件要求。根据动态的巡查管理需求，重点建设固定视频监控、车载无线视频监控等各类前端设备，并整合公安、交通、环保等部门的视频监控资源，以此建设整体的视频监控系统。

1. 视频监控布设规范

（1）城市管理违法行为多发区域：占道经营、店外经营、人行道违章停车、建筑工地夜间施工等违法行为集中区域。

（2）城市管理人群聚集控制区域：宾馆、饭店、商场、医院、学校、幼儿园、文化娱乐场所、体育场馆、广场、公园、停车场等人员聚集的公共场所。

（3）城市管理交通枢纽控制区域：重点道路、主要交通路口、地下通道、过街天桥、机场、火车站、地铁站、公共汽车站等。

（4）城市管理重点设施控制区域：城市供水、排水、电力、燃气等重要城市基础设施及保护范围。

2. 移动视频和单兵系统配置

在固定视频监控覆盖基础上，各县市应根据实际情况配置车载监控和单兵系统进行辅助覆盖。

3. 视频管理平台功能

借助统一的视频监控系统，实现不同设备及系统的互联、互通、互控，实现视、音频的采集、传输、转换、显示、存储、控制等功能；能进行身份认证和权限管理，保证信息的绝对安全；提供与其他业务系统的数据接口。

（六）应急指挥调度平台

应急指挥调度平台的功能如下。

（1）实现突发公共事件信息的接报处理、跟踪反馈和情况综合等应急业务管理，各地区、各有关部门应急预案与呼叫联动管理平台保持联络畅通；按照统一格式，向自治市县报送重大突发公共事件信息、现场视、音频数据以及重大突发事件预警信息，并通报相关部门。

（2）市县级应急指挥管理系统依托市县级政务信息网，覆盖市县级街道办事处、镇、专项指挥部以及其他应急信息网络。

（3）通过汇总分析突发公共事件的预测结果，结合事件的发展情况，对事件范围、影响方式、持续时间和危害程度等进行综合研判。

（4）提供应对突发公共事件的指导流程和辅助决策方案，根据应急过程不同阶段处置效果的反馈，实现对辅助决策系统的动态调整和优化。

（5）实现对应急资源的动态管理，为应急指挥调度提供保障。

（6）利用视频会议、异地会商和指挥调度等功能，为各级应急管理机构应对突发公共事件提供快捷指挥。

（7）建设满足应急管理要求的应急数据库系统，通过和市、县共享交换平台的互联互通获取基础数据支持。

在应急预案与呼叫联动管理平台中，有预案管理子系统、培训演练子系统、应急响应子系统、事后评价子系统、风险隐患监测防控子系统、空间辅助决策子系统六大应用系统，它们相互补充、相互支撑，共同完成复杂条件下的应急保障。这些系统均以数据库系统为运行基础，提供强大的数据和业务管理能力，具有承载应急管理工作的各项业务。面对突发公共事件的应急运作流程，是体现监控防控预测预警、信息报告、综合研判、辅助决策、指挥协调、信息发布、总结评价以及模拟演练等主要功能的核心。

综合监督管理平台把城市管理中问题发现和现场处置能力作为重点，利用视频监控、GPS 定位、无线采集上报等技术手段，加快城市管理队伍信息化装备的更新换代，全面改善信息化管理的基础支撑能力，为上层应用提供有力支持。同时，利用科学的业务系统支撑城市管理各个部门的业务工作，实现部门之间的高效协同。建立完善的督查考核机制，形成完备的应用体系，构建集成、统一的可视化、实时化、精细化的综合监督管理平台。

（七）网格化管理系统

以智慧城市管理各项资源为基础，扩展升级为全区网格化管理系统，将管理全要素落实到网格，处置指挥到端、到人的城市网格化综合管理，实现城市治理横向多行业覆盖，构建纵向九级的网格化管理体系。

根据业务流程行业标准的闭环化、痕迹化的要求，依托现有城市管理网格，由街镇统筹整合公共服务、社会治理、文明城区和安全生产等专题领域网格为街镇责任网格，同时将党的基层组织和党员落实到网格中，融合各项资源，包括城市管理、综合治理、执法等机关，体现城市综合管理智能化，最终实现跨专业、跨区域的统一受理、智能化派遣、扁平化协同、实时追踪、社会监督、综合评价的网格化管理业务新模式。

1. 网格化一张图管理

将党组织建立在网格上，以党建引领网格工作。由各街镇根据自身公共服务、社会治理、文明城区、城市管理、安全生产五大领域的工作管理实际划定网格，结合智慧城市管理地理信息系统（GIS）一张图应用建设，将城市管理部件、事件及人、地、物、组织等数据上图，同时将党建工作落实到网格中，通过专题图层管理等建设内容支持"一网并行、多网合一、综合监督、科学评价"的城市网格化管理运行体系。

2. 网格化统一流程管理

在原有数字城市管理案件采集、受理、派遣、处置、核查、结案、评价七大流程环节基础上构建横向到边支持其他部门单位，纵向到端指挥到员的精细化、扁平化运行体系和集公共服务、社会治理、文明城区、城市管理、安全生产五大领域于一体的统一问题处理流程。

3. 网格化分级评价管理

根据系统自动生成的各项指标数据，结合各大领域管理实际，分别制订评价模型，自动形成评价结果。客观真实地反映各区域、各领域管理的现状和水平；对城市管理进行过程监控和评价，及时发现城市管理中存在的问题，以便及时进行调整和改进；对各部门的工作业绩进行客观科学的评价，及时了解各部门的工作状况，促进各部门工作效率、管理水平的提高；建立客观合理的岗位评价标准，形成岗位的工作标准和行为指南；对责任主体的城市管理工作业绩进行监督和评价。

二、业务管理平台

业务管理平台依托定位技术、地理信息系统与实景三维技术、物联网等新一代信息技术，以市政公用设施、市容环卫、园林绿化、城市管理执法等各项业务为突破点，实现对城市管理全业务的智能监督管理；依托无线传输技术，借助单兵设备、城市管理执法车辆，实现对城市管理执法过程的全记录，做到"过程可视、数据可传、后果可控"。

业务管理平台是智慧城市管理整体框架中的核心部分，其集成了城市管理的各项业务应用，保障了智慧城市管理中的数据共享和信息互联，同时在实现网络融合、功能协同方面发挥着重要作用。业务管理平台主要包括市政公用设施综合管理平台、市容环卫管理平台、园林绿化管理平台、城市管理执法平台、视频综合管理平台等。

（一）市政公用设施综合管理平台

市政公用设施综合管理平台是辅助市政设施管理单位的重要工具，通过该系统可以实现对市政公用设施的统一管理，利用智能设备，实现对桥隧、灯饰照明、下水道危险源、地下管网、井盖等设施的智能监测与定位。同时，通过系统可以进行日常检查、定期检查、特殊检测及设施的维护管理。

市政设施管理系统采用了由数据层、组件层和表现层组成的标准三层体系结构。

具体来说，数据层收集和存储来自各种市政设施的数据，如路灯、道路等相关数据信息，组件层则利用这些数据进行相关的访问及分析，将结果展示在表现层，供市政管理人员进行可视化管理。同时，整个系统还要有良好的运行环境，不仅需要基于合适高效的基础设施（如服务器等）和标准，还需要符合相关的政策和法律法规。

1. 城市照明与灯饰监控子系统

城市照明与灯饰监控子系统主要由两部分组成：一是城市路灯照明系统；二是城市灯饰监控系统。

城市路灯照明系统包含实时监测、单灯控制、城市路灯与城市亮化的布局表达等。

（1）实时监测功能。城市路灯照明系统不仅可以用来控制城市路灯及城市亮化的开关和亮度，还可以对现场状态进行实时监测。该系统是一种分布式无线"四遥"（遥控、遥测、遥调、遥信）系统，由无线通信网络、计算机信息管理和智能路灯控制设备等组成。它可以遥控整个城市范围内的路灯开关状态，遥测这些设备的电流与电压，以及遥调路灯的开关时间和线路报警的电压电流阈值，还可以根据这些数据和状态的监测结果，判断路灯配电设备运行有无故障和对相关的异常情况进行报警处理，并通过短信及时通知相关管理人员。

（2）单灯控制功能。城市路灯照明系统具备单灯控制模块，安装了单灯控制设备，并将单灯控制、照明控制功能接入照明管理总系统中，实现对单灯的远程控制。

（3）城市路灯与城市亮化的布局表达。城市路灯照明系统采用了地理信息系统（GIS）来表达城市路灯与城市亮化的整体布局，并在 GIS 上集成了灯型、电缆走向、灯杆布局等与管理相关的信息。

2. 地下排水管网管理信息子系统

地下排水管网管理信息子系统结合了先进的硬件设备和排水数字化管

理技术，其目的是辅助技术人员及时消除排水管网的安全隐患，有效地监控和维护排水管网的运行情况。具体来说，管理人员利用 GIS 系统对排水管网、设施的空间地理信息和属性数据进行存储、管理和分析，并在计算机系统中图形化地再现城市排水管网系统，从而对排水管网的空间位置、连接关系和工程属性进行数字化管理。另外，工作人员还可以对排水管网的流量、流速、淤积、水质等参数进行实时监测，并充分利用这些数据制订排水管网的资源管理系统和综合办公自动化软件系统，实现排水管网管理的网络化、信息化和智能化。

3. 基础数据管理子系统

（1）维护城市设施分布图及其他相关数据：市政基础数据管理系统能够维护城市市政设施分布图及相关数据（包括道路设施、桥涵设施、排水设施、防洪设施、照明设施、共用设施、有线电视、井盖、杆柱、管线等数据明细）与普查的市政设施数据，可以进行数据分类、分层、统一编码。

（2）市政设施地图展示及报警：系统基于实景三维技术，实现矢量数据与遥感影像数据无缝拼接，使市政设施数据更加直观，易于辨别和分析处理。在此基础上实现对道路、桥梁、隧道、地下管线、路灯、户外广告等市政设施以及附属部件的 GIS 查询、统计分析、专题图展示。系统可以支持各类设施损坏、丢失等地图报警。

（3）信息查询与报表统计：系统提供市政设施及相关属性信息、资料的查询，并可以提供各类数据的统计及报表输出，为市政设施规划、建设和维护提供可靠依据，大幅提高城市市政管理的工作效率和管理水平。

4. 市政资产管理子系统

市政资产管理子系统实现对市政资产管理的可视化、可控化及自动化监管，具备对市政设施资产设备（涵盖市政管理中所有资产类型，包括地下管线、路灯、道路、桥梁灯、车辆等）信息的管理、资产调度、合理配置和优化组合等功能。以电子地图为基础，将全区市政设施资产信息实时地在电子地图上直观展现，充分发挥资产管理在工作中的作用，并具备对资产存量和动态的实时监控功能。

5. 市政设施维修与养护计划子系统

市政设施维修与养护计划子系统能够制订日常工作任务及按照设施类

型制订养护、维修计划，并可以将维护与养护情况进行记录；系统具备依据时间、计划类型等信息查询维修、养护记录的功能。系统可以接收作业管理人员上报的问题，并派发给其他责任人。

6.市政作业公司管理子系统

市政作业公司管理子系统实现对作业公司的管理，确保作业任务的实时监控和有效管理，包括以下几个方面：对公司名称、联系人、电话、地址、主要责任、人员配备信息、车辆配备信息、GPS定位芯片配备情况等基本信息进行管理；对包括道路设施、桥涵设施、排水设施、防洪设施、照明设施、共用设施、有线电视、井盖、杆柱、管线等在内的市政设施的养护和维修内容进行作业定额管理；对各作业公司各阶段的任务，能够进行定时、定量的管理；对作业人员、作业车辆的实时监控数据进行比对，确保作业进度的有效实现。

7.市政公用设施综合管理考核评价子系统

市政公用设施综合管理考核评价子系统可以对市政维修养护、案件处理、设备领用、车辆使用、工作效率等情况进行综合考核评价，也可以按工作人员（业务人员）、部门机构、行政区域的立案数量、办理时限、未办结案件等情况进行综合评价，还具备对作业公司的考评功能。同时，定期或定时统计记录的历史数据，计算出相应的评价等级，并用图形化或表格化的方式展现这些数据。

8.市政公用设施作业管理人员客户端

市政公用设施作业管理人员客户端实现对作业人员及车辆的实时监控与管理，以及接收市政设施养护、维修任务和案件的处置任务。作业管理员通过该客户端可以对定位、违规、作业任务等的完成统计、处理情况等进行跟进；可以对作业人员、车辆进行在线考勤管理；可以对日常巡查发现的问题进行处理、派发和上报。

9.井盖管理子系统

井盖管理子系统安装有感应装置，通过电子条形码与电子标签RFID技术，结合物联网，实现对井盖的定位、管理及实时监测，实现对所有市政井盖的全程跟踪，提高管理效率与动态调度管理能力。井盖管理系统支持对全区各类井盖的数据管理，包括类型、所属单位、编码等以及使用状态、维护状态等。同时，支持井盖的地图展示和属性明细查看。

10.桥隧运行状态实时监测子系统

桥隧运行状态实时监测子系统接入公安监控视频和车辆流量监控数据，实现摄像头的全控制，并结合牌照识别和无线通信技术，全方位地监控道路实时情况。通过对车辆流量数据的统计分析，实时掌握道路的损耗程度，辅助系统生成确保桥梁安全的道路维修建议，系统通过手持式综合维护终端（PDA）设备采集道桥的病害信息，并将其上传到道桥系统中。桥隧监测数据管理模块可以提供与桥梁监测、养护单位、养护维修措施跟踪等相关的基础数据，这些数据为后续桥梁评价决策提供科学、有效的依据。养护人员根据系统给出的道桥维修建议制订相关的维修计划。可以查询全城的道桥属性信息，包括建设信息、权属信息等。

（二）市容环卫管理平台

市容环卫管理平台用于实现对环卫管理所涉及的人、车、物、事进行全过程实时管理，配合行车记录仪和油量监控设备，做到对作业车辆的行驶轨迹、作业时间、油耗、行驶速度等信息的监控，遇到事故时可以通过行车记录仪的摄像头获取第一手资料，通过转盘感应器与洒水感应器，对垃圾清扫车和洒水车的清扫、洒水作业进行实时监控。同时，可以合理规划城市环卫的管理，改进环卫工作的质量，减少环卫的运营成本，优化环卫的管理模式，并推动垃圾分类管理，最终实现"科技环卫"。

市容环卫管理平台的建设目标是根据市容环卫管理部门的实际业务需求，建立一套智慧环卫管理系统，使环卫局能统一化管理和调度监测人员、保洁公司、环卫车辆(洒水车、垃圾车等)、公厕、果皮箱、垃圾桶、转运站，改善环卫部门的科学管理水平。

平台的功能模块遵循低耦合、易扩展的原则，即每一个功能模块之间通过接口连接起来，封装成一个紧凑牢固的系统结构。基于这种模式，平台可以通过接口轻松扩展新的功能模块。

1.环卫机械化保洁管理子系统

环卫机械化保洁管理子系统主要针对机扫、洒水、清洗作业进行规范化、精细化、数字化管理，管理内容包括为每辆作业车进行作业区域规划、按规划实时监控作业过程、自动形成针对作业车辆的考核评价报表。统筹安排机扫车、洒水车的作业规划，根据机扫车作业面积、机扫比率、机扫时间来增加或减少机扫作业量，根据总洒水量、洒水时间来增加或减少洒水量和洒水次数。系统可以记录洒水车喷洒的时间和地点，以及机扫车清扫转盘启动的时间和地点，辅助管理人员实时监控洒水和机扫情况。

2. 垃圾清运管理子系统

垃圾清运管理子系统针对各城区的垃圾清运模式（直运、转运），对各类清运车辆进行作业过程实时监管。

3. 保洁人员管理子系统

保洁人员管理子系统在电子地图上规划一线管理人员负责的责任区域，在 GIS 地图中，可显示责任网格内的责任区域划分及每个责任区域的负责人名称，区域名称，规划内的巡查次数、到岗时间、巡查时长等信息。通过 GPS 设备上报人员的位置数据，并结合规划的责任区域、上报时间实时监控一线管理人员的在岗情况、滞留时间，实时监控作业是否在规定的时间、指定的区域内进行。

4. 环卫巡查管理子系统

环卫巡查管理子系统通过给每个相关人员配备的 GPS 模块或电动车辆安装的 GPS 终端，实时采集人员的 GPS 数据，针对不同作业、不同部门，细分机扫责任区、洒水责任区、保洁责任区和清运责任区，以适应不同管理的需要。对区域进行维度、分级管理，实现地图展示。结合责任区域和相关监控指标在电子地图上实时监控人员作业、巡查情况，并将这些数据自动汇总形成考评数据。

系统对巡查员的管理按照"事前规划、事中监控"的原则，事前规划每名巡查员的责任区域，按照监控模式定义监控指标，定义每种监控类型的指标值。前端数据采集系统按照规划定义的各类监控指标进行监控，通过分析处理将数据上报中心服务器。中心业务监管系统实时展示巡查人员规划的内容，实时监控巡查人员在规定的责任区内的作业情况，并自动汇总各类监控指标形成考核报表。如果有异常违规情况，会自动报警提示。巡查内容包括当前位置、滞留、离岗、越界、巡查轨迹等。

5.环卫事件管理子系统

环卫事件管理子系统规范了事件处理流程，提高了事件处置效率，对事件的及时处理起到很大的作用。系统以事件为中心，将人、车、设施与事件进行关联，确保可以及时发现问题，及时派遣任务，高效进行问题处置和结果反馈，有效核查结案及进行考核评价。总体功能包括事件上报、事件派遣、事件处理、事件核查、事件调度、事件监控和事件处结。

6.环卫即时指挥调度子系统

环卫即时指挥调度子系统为局领导、各业务科室负责人、各环卫所所长配备移动终端，无线连接指挥中心平台，随时掌握各现场作业人员、车辆位置及移动轨迹，实时查看事件点视频监控，随时随地进行可视化指挥调度。

7.环卫设施管理子系统

环卫设施管理子系统实现在线管理中转站、垃圾箱、公厕等环卫设施。支持多种查询条件如编号、所在区域、责任人、完好状态等，对垃圾箱数量进行查询统计，并根据查询结果将垃圾箱位置在地图上展示。系统根据区域统计垃圾箱数量，估算垃圾量，根据每辆清运车的车载质量合理安排清运责任区域，计算车辆行进最优路径。结合相关技术对垃圾箱的清运情况进行实时监控，实时反映每一个垃圾箱当前的清运状态。

(三)园林绿化管理平台

园林绿化管理平台通过对作业管理范围、责任网格的划分，明确各类责任主体，有效解决园林绿化数据采集、养护规划、喷灌控制、作业管理、树木成长观测及养护实施等一系列难题。通过整合现有绿化数据与普查结果制作新的绿化图层，在 GIS 地图上能清晰地反映出城市园林绿化的现状。同时，通过网格化管理，依托物联网、无线网络、GPS 定位等技术，实现通过系统派发养护任务，实时掌握作业人员的情况，使养护管理更加信息化、智能化，能够全面提升城市绿化管理水平。

园林绿化管理平台组成结构如下。

1.基础数据管理子系统

基础数据管理子系统主要用于维护城市的园林绿化分布图及相关数据

（园林绿地、居住绿地、道路绿地、公共绿地、林片、单位绿地等面积及植被分类明细等）与普查的绿化数据，进行数据分类、分层、统一编码，实现对矢量数据及栅格数据等属性数据的界面维护，并与后台数据库建立一一对应关系。本系统建立属性数据的批量导入导出模板，实现数据的批量导入导出。其具体功能为：整合现有绿化数据并结合普查的成果制作 GIS 图层，实现绿地空间数据的综合展示，在地图上能够查看植物分布、重点树木、古树、绿化带的位置信息，并对园林绿化数据实时更新，划分网格化管理区域；支持影像数据的加载及展示，实现矢量数据与遥感影像数据无缝拼接、叠加显示，支持图层操作，使绿化数据更加直观，易于辨别和分析处理；根据区域责任制的划分，以不同的颜色区分作业公司的管辖范围，提供责任区的详细信息，查看基本属性、养护规划等；在 GIS 图层上，查看作业人员及作业车辆的定位信息及工作轨迹。

2. 古树名木及大树管理子系统

古树名木及大树管理子系统主要对包括古树名木及大树在内的有关数据的采集和录入，通过采集的数据，实现古树名木及大树生长情况的对比分析。

3. 植物动态管理子系统

植物动态管理子系统主要实现植物的栽种时间记录、所属单位／个人、品目、生长过程状况记录、树木移植记录变更管理（如移进、移出、死亡）、历史信息、当前状态（迁移、死亡）等基本信息的维护，实现变更记录的保存及历史查询。

4. 作业管理子系统

作业管理子系统用于定时作业计划、即时作业任务的制订和查看，可按照计划类型（月、季度、年）、养护类别、养护内容制订周期性的定时作业计划。

5. 智能喷灌子系统

智能喷灌子系统配备遥感设备，可以实现信号的无线传输，确保数据的实时获取。传输的数据主要包括环境温度、风力、气压、湿度、光照度、土壤水分、地理位置、植被种类等数据。通过数据比对及远程控制技术，实现智能喷洒。

6. 智慧公园子系统

智慧公园子系统实现公园的三维立体展示，同时提供相关信息（包括最新动态、公园平面地图、景区路线推荐、门票价格、紧急出口、Wi-Fi 设置等相关信息）的展示与查看功能。

7. 园林绿化规划管理子系统

园林绿化规划管理子系统主要提供包括园林绿化的种植规划及养护作业规划。

8. 园林绿化案件管理子系统

园林绿化案件管理子系统接收监督员上报的绿化类型（古树名木、公园景观、绿地等）案件，对接收的案件进行核实、核查，将结果反馈到数字城市管理系统中。同时，提供各类案件的地图展示。

作业人员处理完上报的案件，系统可跟踪对案件的受理、派发、处理结果。系统还具备对所派发、处理案件的数据统计功能。

9. 作业公司及作业人员管理子系统

作业公司及作业人员管理子系统提供对绿化养护承包单位的信息维护功能，包括作业人数、车辆数量、作业责任区划分等。支持展示作业公司作业范围及作业量、作业人员、车辆、设备等作业资源数据。同时，实现对绿化作业公司基本信息的录入及更新功能。还可根据划定的责任网格与作业公司一线人员建立对应关系，完成对作业公司的精细化监督与考核管理。

10. 绿化养护知识库子系统

绿化养护知识库子系统主要为园林绿化养护人员提供园林绿化方面的知识。养护知识包括养护标准、养护规则、养护流程、注意事项、养护方法等。病虫害相关知识包括名称、高发期、发病规律、病源、治疗方法、预防手段、病症描述等。

（四）城市管理执法平台

城市管理执法平台作为城市管理者的"监视器、指挥棒和控制器"，以云存储空间地理信息为基础，依托多种移动通信技术，实现现场移动执法、平台人员调度管理、人员档案管理的功能。它通过加载整合各单项系统应用组件，并通过摄像头、传感器等终端收集、整理城市的各项"体征指标"，对相应专题图图层数据进行分类、加工、处理，利用图形化的界面形象展示各种信息内容，最终为城市管理者提供分析、研判依据和决策保障。通过该平台可以提高发现及解决问题的能力和效率，形成高效的执法体系。

系统平台的运作方式依赖执法人员、监督中心、审核部门及职能部门的业务数据流转，从而实现执法调度处理。该系统平台是结合业务间的关系实现城市管理和监管协调分离，使得城市管理职能部门真正履行公共服务和社会管理的职能，建立职责分立清晰、业务分工明确、执法信息与法规规范、执法情况反馈及时、问题解决迅速、监督严谨的数字化及信息化城市综合管理平台。该平台能实现全时段地理编码覆盖执法监控、案件基础数据管理、电子信息采集、移动案件受理、各个工作职能部门协调监督及综合评价等功能。基于以上分析，城市管理执法平台主要构建的是现场、监督、指挥及其职能部门之间的业务流转协调调度。同时，利用辅助外围系统实现对危险源、执法车辆的管理。主要有远程监控系统、GPS 车辆监控及远程视频监控等业务。

系统局域网络需求带宽较高，数据流量大，对网络设备需求也较高。为提高网络处理能力，要求具有丰富的模块接口，扩展性要强，系统采用的核心交换机具有千兆级，捆绑千兆链路数据库服务器、GIS 服务器、应用服务器，且接入交换机具有千兆连接功能，保证畅通连接数据中心、监控中心，同时实现多级平台连接政务网络，协调处理应急案件，有利于资源整合，建设统一传输的多网融合资源共享平台。

（五）视频综合管理平台

视频综合管理平台是智慧城市管理视频监控系统业务应用层的主线，以服务智慧城市为宗旨，围绕城市管理工作人员实际应用的需求，在视频图像及信息联网的基础上，提供一个易用、实用并且具备视频信息共享、存储查询等多项功能的视频综合管理平台，为智慧城市开展视频取证、视频监控、视频分析等业务提供应用服务支撑。

平台功能主要包括设备接入能力、平台联网功能、管理应用模块、运维管理模块、系统管理模块、移动应用模块和接口等。

智慧城市管理可调用的视频资源主要集中在公安及自建视频平台中，视频资源单位所建的视频监控管理平台，应实现该监控平台与系统的视频综合管理平台的国际化对接。

借助联网网关可屏蔽平台层差异，实现平台间的信令控制、信令交互、信令路由、视频标准化转码、视频流推送及分发等功能。

三、惠民服务与市民参与平台

惠民服务与市民参与平台是一个综合性多功能服务平台，通过整合政务、服务和信息等资源，实现一站式、平台化、智能化的民生综合服务，为各级机关提供社会管理创新模式、网格智能服务，为广大居民提供全方位、多元化、立体式、智能化便民生活服务。

惠民服务与市民参与平台是在"聚合、重构、协同、便捷"的原则下，充分利用新技术和新形态，集成和创新公共服务，整合政府、社会各类相关影响和上下游资源，从而融合服务与管理的智慧平台。

(一) 总体架构

惠民服务与市民参与平台，通过建设门户网站、微应用等窗口平台，面向公众提供咨询与投诉、办事指南、在线预约、事务办理、资讯获取、停车诱导等一站式的便民服务，提升群众的幸福指数。面向城市管理业务部门提供移动办公入口，提供随地、随时办公的环境支撑，提升公共服务能力。另外，平台具有二次开发的接口，可进行个性化定义，这样平台既具备了通用功能又可满足特殊需求，鼓励市民及企业参与惠民服务建设。

平台基于地理信息标准化数据，是实现地理定位、信息共享和交换的基础。同时，平台借助于 GIS 的空间分析功能满足了各部门、行业和百姓的日常需求。该平台自下而上主要由运行支持环境、数据层、服务层和应用层构成。这 4 层在逻辑上独立，由用户接口互联，共同构成统一的集成系统。

(二) 平台主要功能

具体来说，惠民服务与市民参与平台由公共平台数据集系统、数据管理系统、应用服务系统以及运行维护系统等共同构成。根据运行环境的不同，公共服务平台包括政务版和公众版。惠民服务与市民参与平台主要功能如下。

（1）实现"12319"城市管理服务热线统一受理。

（2）实现"12319"城市管理服务热线与"110"报警电话等其他热线的对接，整合"12345"政务服务热线，实现统一的政务受理平台。

（3）实现部门间城市管理问题处置高效联动功能。

（4）实现城市管理行业便民利民信息系统，利用微信、微博和移动终端与城市管理相结合提供服务。

（5）实现办事指南、行政审批、公厕点位、停车诱导、路桥收费、城市道路维护、供水、便民等功能。

惠民服务平台包括通过公众信息网、App、微博、微信等互联网传媒与市民互动的政务公开、网上投诉、智能停车、公厕指引等服务系统，实现城市管理的"便民化"。运用云计算架构，平台实现了办事网络化和自动化的"一站式"服务。该平台多部门横向联通协同，实现审批信息在不同部门之间的横向传递，打破了部门壁垒。

通过建设惠民服务与市民参与平台，形成稳定、可靠、高效的智慧城市管理移动应用，为公众提供一站式的便民服务，为政府、企业提供就地出勤、就地办公的工作环境，提升政府公共服务能力。每个应用群众均有独立的应用支撑，开放第三方接口，鼓励企业参与惠民服务建设。

第三节　智慧城市管理的支撑

一、智慧城市运行管理中心

智慧城市管理监督指挥中心是智慧城市管理建设运行的工作机构，旨在确保城市管理信息平台安全运行，提升城市管理效能和精细化管理水平。其职能主要包括以下内容。

（1）负责智慧城市管理信息系统的建设、运行管理。

（2）负责城市管理有关问题的受理、派遣、督办、评价、考核等。

（3）负责市政管理对象的综合普查。

（4）负责日常城市管理问题的监督指挥、数据支撑及提供科学的评价报告。

（5）负责指导城市管理监督指挥平台的业务工作。

（6）负责协同指导与指挥派遣城市管理问题。

（7）负责智慧城市管理综合业务系统的运维管理。

二、全业务融合平台

智慧城市管理是一个系统工程。城市管理的核心业务系统、诚信评价以及第三方服务需要有机地融合在一起，提炼各系统中具有通用性与可复用的功能，为业务系统提供公共支撑应用服务，提高全业务应用的数据通、业务通、流程通能力。同时要考虑视频监控以及第三方信息等多种信息接入的类型。该平台需要建设应用服务支撑系统，采用统一业务群理念，统一接入、统一交换、统一服务，让专业业务系统更专注于业务办理环节，做到各种业务有机融合、有序支撑。应用服务支撑的作用是借助全业务融合支撑平台来完成的。

全业务融合支撑平台层定位在智慧城市管理项目业务枢纽位置。其主要建设内容包括全面感知引擎、智能调度引擎、流程融合引擎、业务分析引擎、管理配置引擎及统一采集平台等模块。

（一）全面感知引擎

通过建立全面感知系统，即时、全量地搜集视频数据、文本数据、语音数据和指令数据，引入视频识别技术、语音识别技术、图像识别技术、文本识别技术分别对不同类型的数据内容进行识别，自动或辅助进行问题分类，通过流程机器人对案件进行快速接收、派发及后续处理。提供开放接口，各个开发者按标准接入后支持业务案件信息来源搜集。该部分主要涵盖问题接入、问题识别以及问题预处理等。

（二）智能调度引擎

智能调度引擎主要由智能核实、案件关联、流程配置和案件派发构成。

1. 智能核实

案件比对主要用于将上报案件和系统感知案件与后端的案件库、案件状态等信息进行比对，分别按照重复上报和未立案两大类进行比对，其中重复上报又可细分为已结案和未结案两小类。核实通过的案件可通过流程机器人自动进入下一流程。

2. 案件关联

根据问题上报的数据，通过问题信息中的特征关联到城市具体问题分类，通过问题分类关联到问题的权责单位，通过问题信息中的位置信息关联到具体街道、具体网格、具体网格员或监督员或科站队所或专业单位，同时对问题中涉及的人、地、事、物、组织进行多维关联。

3. 流程配置

平台管理员具有流程配置的能力，流程配置的主要功能是将城市治理的业务流程编制并定义在系统中，同时对已经定义好的流程进行修改。流程配置包括流程定义、活动定义、条件定义、路由定义。一个流程包含很多活动，每个活动之间通过不同的条件、路由相互联系。

（1）流程定义。定义业务流程的信息，如流程名称、流程时限、主办部门、协办部门等。

（2）活动定义。活动一般可以分为受理、审核、立案、任务派遣、任务执行、核查、结案归档等环节，不同的环节由不同的部门、不同的用户来处理。

（3）条件定义。活动期间的流程传递通过条件来控制，不同的条件下，可以将项目流转到不同的活动。例如，当前项目是活动，条件1的时候项目转到活动1，条件2的时候转到活动2。

（4）路由定义。路由是条件的细化环节。在相同条件下如果有一个路由就是单路由流转。如果有多个路由就是多路由流转，会同时流转到不同的活动去（可以在后面的某个活动处汇合）。工作流的定义支持可视化的定义。以流程图的形式来定义业务的流转过程，更加直观方便。

4. 案件派发

通过全面感知应用获取的视频、图像、文本、语音等数据，结合对历史的案件信息、图片信息进行机器训练和机器学习形成城市问题的特征画像，实现案件类型的自动分类、聚类，提供自动分类服务。例如，在网格员现场拍照上传图片时，能自动根据图片中的场景识别是哪类城市治理问题，推荐相关类别，分派给相应单位进行处置等，同时将派遣理由、依据进行展示，解决基层网格员、社区志愿者、社会公众对分类辨识不清的问题，做到智能推荐和精准匹配。

（三）流程融合引擎

流程融合引擎打通综合监管平台等案件上游系统，以及专业处置部门处置系统、镇街二级平台处置系统等下游系统，收集案件的全流程数据，提供一个案件全流程各环节示意图，按照时间轴的方式进行展现。

监视案件处理流程的全程执行状态，实时反馈相关案件的处理过程及结果。例如，当前案件指定处理单位或者部门是否已经响应，案件是否正在被处理，处理过程中是否有异常发生，案件处理结果是否反馈，案件是否已处理完成，是否已经归档等。

（四）业务分析引擎

业务分析引擎主要包括问题专题分析、案件流程专题分析、责任主体专题分析、人员专题分析以及智能报表等。

（1）问题专题分析。能够对发生的流程快速回溯，对历史案件进行查询，对不同类型的问题及案件在时间维度和空间维度上进行统计分析，自动生成日报、周报、月报、图片等全要素内容。

（2）案件流程专题分析。基于电子地图直观显示案件分析数据，包括热点案件分布、案件多发区域分布、案件路段分布、历年案件分布变化和疑难案件特征分析等。

（3）责任主体专题分析。是指对各权责部门的处置效率进行特征化分析。

（4）人员专题分析。是指对各级人员队伍的处置效率进行特征化分析。

（5）智能报表。针对各类专题分析，按照配置化管理按期生成报表供智慧城市管理考核评价、监督督办、预警决策使用。

（五）管理配置引擎

管理配置引擎主要包括案件分类管理、分发规则管理、案件等级管理、任务配置管理和网格划分管理等。

（1）案件分类管理。其主要用于案件类型的定义和维护。案件类型以树形列表展示，可以增加子类型的案件类型，可以修改和删除案件类型。案件类型包含类型名称、类型说明、目标管理标准、整改期限等信息。

（2）分发规则管理。定义案件分发的规则，涉及的处理部门及其联动响应的参与者等。根据梳理的案件处理流程和方案，图形化地配置案件对应的流程模板。

（3）案件等级管理。主要功能是案件等级定义维护、等级展示顺序和展示色值设置，包括案件等级列表展示、案件等级维护等功能。

（4）任务配置管理。设置调度规则表达式，运行状态监控，启动、停用状态控制。

（5）网格划分管理。以单元网格为基础单位，监督网格根据收集资料按若干个单元网格组合进行划分。

根据国家标准和实际情况，由街道自行划分责任网格或基础网格，并可对网格进行管理。

（六）统一采集平台

统一采集平台主要包括无线数据传输接口、数据共享交换接口、专业数据交换接口以及基础数据采集管理等。

（1）无线数据传输接口。系统支持与无线网络的数据对接，如城市管理通与手机等移动设备的数据传输。无线数据传输主要指无线数据城市管理通与数据库服务器之间的数据传输。使用无线数据采集工具，将采集到的城市事（部）件的相关信息，包括事（部）件的类型、相关图片、录音资料以及位置坐标等信息通过通用无线分组业务（GPRS）数据传输技术（支持5G）传至服务器。无线终端与服务器端的数据传输支持超文本数据传输协议（HTTP），能够实现文本、图形、图像以及声音等信息的传输。

（2）数据共享交换接口。应能够满足多种数字城市管理运行模式的要求，如数据同步结构支持图像、声音、视频多种数据格式的传输；实现监督指挥中心与各相关专业部门之间以及市、街道、社区三级机构之间的数据共享与交换，包括业务数据及基础地形数据的交换与共享。

（3）专业数据交换接口。实现"12319"与"12345"服务热线、视频监控、行政审批系统、城市防汛系统、路灯及景观亮化系统、视频监控等外部业务系统的交换对接，交换信息可包括市政监管问题信息、业务办理信息、专业空间数据信息、综合评价信息等。

（4）基础数据采集管理。主要实现对"人、地、事、物、组织"各类基础信息的采集。

第四节　智慧城市管理的辅助

一、大数据分析平台

大数据管理系统全面整合城市管理资源，包括各类视频资源、图像资源、城市管理业务数据、公众服务信息和应急指挥数据等，通过计算机技术对数据进行深入分析，对智慧城市管理系统的建设提供有力支撑。

大数据时代的到来，为面向中国新型城镇化规划的科学化及城市管理的高效化提供了方法，使得城市管理各部门基于数据获取以及有效整合的基础，能够进行实时、动态的科学决策与响应。大数据分析平台主要包括大数据管理子系统、存储管理子系统、大数据分析支撑系统、智慧城市管理三大指数分析等方面。

（一）大数据管理子系统

大数据管理子系统由数据标准管理子系统、数据采集管理子系统、数据仓库管理子系统、基础支撑管理子系统、多数据类型管理子系统、数据键值管理子系统构成。

（1）数据标准管理子系统。完成统一数据标准，以及管理维护主数据的完整性，主数据在多个城市管理业务系统间共享。

（2）数据采集管理子系统。完成数据采集、数据清洗，具体包括检查数据的一致性、处理无效值和缺失值。数据仓库中的数据是面向某一主题的数据的集合，这些数据通常包括从多个业务系统抽取而来的数据、从外部采用爬虫机制抽取而来的数据，以及历史数据。数据仓库里不符合要求的数据主要包括不完整的数据、错误的数据和重复的数据3大类。

（3）数据仓库管理子系统。管理公共数据资源、数据集和数据仓库。以分析型处理为主，针对城市管理的某些主题的历史数据进行分析，根据分析结果支持管理决策。

（4）基础支撑管理子系统。支持分布式存储；支持 Hadoop 分布式文件系统（HDFS）解决方案；支持访问权限管理；支持数据安全管理；能分析访问日志。

（5）多数据类型管理子系统。基于 HDFS 存储非结构化数据和混合型结构数据，主要采用主从结构关联主节点负责的分布式文件系统的元数据，以及提供统一的命名空间。在开源基础上开发能提高效率并提升 Hadoop 的性能。

（6）数据键值管理子系统。在大数据管理中，数据资源的开放应用是重点内容，它采用综合手段管理结构化、半结构化、非结构化数据。它借助分布式的键值数据库提高了 HDFS 上混合结构数据的查询速度，键值数据库对数据值没有大小限制，可以存储任意结构的数据。此外，它配以基于键值的哈希检索和高性能缓冲技术，实现高并发读写混合结构数据。

（二）存储管理子系统

存储管理子系统作为城市管理基础数据的永久存储载体，整合了城市管理各业务应用系统数据，是领导进行城市管理决策和指挥调度的信息资源，成为城市管理局各业务科室平时处理日常业务、行使监督和控制职能的数据基础。该子系统为城市管理局政务信息的公开化提供了数据支持，其主要围绕推进城市管理执法、市政设施管理、园林绿化、市容环境等业务，充实信息内容以及整合信息资源，为各项业务提供全面、客观的支持和指导。该系统模块主要包括数据标准管理、数据采集管理、数据仓库管理、数据键值管理、基础支撑管理、多数据类型管理等。

大数据分析平台建设的主要目的是全面整合各项城市管理资源，如视频资源、图像资源、城市管理业务数据、公众服务信息和应急指挥数据等，通过数据挖掘、人工智能及深入分析等技术逐步完善数据模型，其服务对象主要是区城市管理局领导、各业务人员。面向智慧城市综合管理的业务运行、公众服务、领导决策等提供个性化服务，实现快速跟踪和响应突发事件，提高对危机行为变化的理解力与判断力，以进一步提高预测需求和应对变化的能力。该平台通过建设大数据分析支撑系统和大数据专项分析系统实现。

简而言之，大数据分析平台主要通过主数据管理模块对各业务系统的业务数据进行管理，再使用数据仓库技术（ETL）对数据进行清洗与处理，装载到数据中心保存，为上层应用和外部系统提供统一的数据服务。

（三）大数据分析支撑系统

大数据分析支撑系统由计算支撑子系统、大屏可视化子系统、智能报表子系统组成。

1. 计算支撑子系统

计算支撑子系统由数据挖掘引擎和实时分析引擎实现，这两个引擎的底层由实时计算、批量计算和流式计算 3 个组件支撑。数据挖掘引擎主要处理离线分析，而实时分析引擎主要处理在线分析。计算支撑子系统主要负责将分散的、异构数据源中的数据如关系数据、平面数据文件等抽取到临时中间层后进行清洗、转换、集成与处理，最后加载到大屏可视化系统中，是数据分析处理的核心。

2. 大屏可视化子系统

大屏可视化子系统是对数据以及处理结果进行可视化的系统。该系统的主要目的是将各级数据库中的数据以灵活、直观、可视化的方式展现出来，以辅助人们快速、准确地得到隐藏在数据背后的信息，使智慧城市管理中心各级决策者获得相应信息作出更好的决策。该系统的可视化展现方式有仪表盘、表格、日历等，且具有个性化定制内容、指标等功能，直接将管理者及业务人员关注的指标展现出来实现真正的个性化服务。

3. 智能报表子系统

智能报表子系统是进行大数据分析的重要组成部分，主要用于准确、全面、灵活地展现城市管理运行中的数据信息，为业务管理人员提供可靠的、有效的数据信息支持及决策支持。该系统主要包括图形报表制作、报表设计、多样展示和报表导出 4 个部分。

(四) 智慧城市管理三大指数分析

智慧城市管理指数主要由建设指数、运行指数和健康指数构成。智慧城市管理指数服务可以对城市管理海量数据进行实时在线分析，支持分层下钻分析，无须提前进行大量的数据预处理，极大地提高了智慧城市管理指数计算效率。

建设指数是指智慧城市管理"1322"架构体系的建设情况，实现城市管理智慧化、业务应用智能化、公众服务创新化、决策分析科学化、应急指挥扁平化。

运行指数应根据城市管理实际情况，从人员管理、车辆管理、运行管理、评价考核等方面进行综合评定，实现对"人、地、事、物、组织"的综合监督管理。对各系统是否有数据交互、各系统是否有评价指标、各系统评价结果是否纳入考核等进行综合评价。

健康指数通过智慧城市管理数据中心的基础数据和各系统平台运行数据，结合区域的部件量、单元网格数、商铺量及入驻率、民调数据、投诉满意率、环保监测数据、交通运行、人口密度等全要素数据进行科学建模、智能研判，对城市部件设施完整度、城市市容秩序整洁度、交通路况、环境污染度等城市综合运行管理情况进行整体评价。

大数据在智慧城市管理应用中起了很大的作用，但仍处于低级阶段。为了提升城市建设和管理服务，便捷民众生活，将以人为本作为核心战略，在充分考虑人群需求的条件下对智慧城市管理进行合理规划。在此基础上不断完善信息基础设施建设和技术，为城市智慧化管理实现提供重要保障。同时，有效平衡管理体系，促使各部门联动协作整合多种类型数据，合理有效地构建城市管理标准与基础框架，最终实现高效的、可持续的、科学化的城市化管理。

二、部件物联平台

部件物联平台主要构建城市管理统一物联感知平台，通过物联网技术以及统一接口规范汇聚到采集管理平台上，实现市政公用设施与市容环卫的泛感知、智能化监控，提升城市管理服务效能。部件物联平台主要包括感知系统、视频监控网络等。

(一) 感知系统

感知系统主要实现以下功能的管理:

满足城市物联设备接入管理,根据权限向综合监督平台、业务管理平台对接提供数据,支持城市管理系统外其他政府部门和社会公共服务单位建设设备接入管理。

感知范围可包括但不限于以下监测内容:

(1) 市政公用设施监测,包含停车、井盖、水位、桥隧、边坡等。

(2) 园林绿化设施监测,包含古树名木、公园游园等。

(3) 灯饰照明设施监测,包括智能灯杆、单灯控制等。

(4) 环境卫生设施监测,包括作业监测、危险源等。

(二) 视频监控网络

视频监控网络主要实现以下功能的管理。

(1) 实现共享公安平联视频。

(2) 建设和增购单兵移动视频设备、城市管理通设备,可扩增车载移动视频。

(3) 构建城市管理视频管理平台,运用图像智能分析等先进技术,实现信息智能采集、任务智能派遣、案卷智能核查、问题智能结案。同时,相关资源支持各业务系统和各级平台调用。

(4) 最终形成以固定监控点位为主,移动无线监控为辅,区域全覆盖、重点多方位、监督全天候、过程全记录的视频监控网络。

第三章　智慧城市管理中的技术应用

第一节　智慧城市管理中大数据与网络技术的应用

一、大数据在智慧城市管理中的应用

(一) 数据挖掘

1. 数据挖掘概述

数据挖掘是指从大量数据中发现知识。这里的知识是广义的，是指概念、规则、模式、规律和约束等，这些知识是隐藏在数据中、人们事先不知道的，但又是潜在的有用信息。数据挖掘和传统的数据分析的本质区别是数据挖掘是在没有明确假设的前提下挖掘信息、发现知识。数据挖掘得到的信息具有未知、有效、可使用的特征。

数据挖掘的主要步骤包括商业理解、数据准备、数据理解、模型建立、模型评价和模型应用。其中，数据准备和数据理解是整个流程中最重要的部分，数据的质量直接影响着模型选择和应用结果。

常用的数据挖掘方法主要有分类、回归分析、据类、关联规则等，它们分别从不同的角度对数据进行挖掘。可以根据原始数据的结构来选择合适的方法。原始数据可以是结构化的，如关系数据库中的数据；可以是半结构化的，如文本、图形和图像数据；可以是异构型数据。

从数据中挖掘的知识可以用于信息管理、查询优化、决策支持和过程控制等，也可以用于数据自身的维护。数据挖掘技术将数据的应用从低层次的简单查询提升到从数据中挖掘知识，提供决策支持。

2. 数据挖掘技术在智慧城市管理建设中的应用

数据挖掘技术的基础是大数据，如果没有充足的数据做支撑，是无法进行挖掘的。根据智慧城市管理"1322"架构体系，大数据中心建设是智慧

市政体系的核心和关键，旨在形成统一的基础信息库，为实现智慧城市建设打下坚实的基础。数据挖掘技术在智慧城市管理建设中主要实现市政公用设施的智能化。

在市政公用设施中，实现城市照明智慧化，需要对日常车流量的数据进行分析挖掘，根据得到的车流规律对路灯亮度进行调控，实现按需照明；实现桥梁管理现代化，可以根据现有的桥梁维修数据挖掘发现桥梁的磨损程度进而推测其使用年限，从而减少人工对桥梁的日常巡查工作；实现隧道管理规范化，需要利用隧道维修、检修数据发现隧道存在的隐患，进而预测其出现事故的概率，使维护人员可以提前关闭隧道进行维修，避免事故的发生。

(二) 大数据分析的应用场景

智慧城市助推大数据的产生，给大数据提供了广阔的应用市场。

(1) 在交通管理方面，通过对道路交通信息的数据挖掘，能有效地缓解交通拥堵，并快速响应突发情况，为城市管理的良性运转提供科学的决策依据。

(2) 在停车位管理方面，借助大数据实时统计进入停车场的汽车数目和它所停放的区域，智能显示各个区域的剩余车位数量，以方便用户停车。

(3) 在环保管理方面，以古树保护为例，通过生物感应设备的信息采集，可以得到由环境、灌溉、施肥、疾病、虫害等引起的树木生理紊乱数据，这些数据是不够的，还需要结合视频图像和人工采集的数据一起分析，从而获取更可靠的信息数据，为古树的保护提供更有效的参考数据。

大数据的出现，开启了一次重大的时代转型。数据在互联网时代，有着鳌头的地位，信息的重要性日益提高，大数据改变了社会，影响着每个人的生活和思维方式。

二、网络技术在智慧城市管理中的应用

(一) 物联网及其在智慧城市管理中的应用

1. 物与物相连的网络

物联网是一种物与物相连的网络，物之间可以用无线也可以借助互联

网相连。物联网可以利用 RFID、无线传感器、GPS、激光扫描器等信息传感设备，按照约定的协议，把任意物体与互联网相连，使得通过互联网相互连接的物体之间可以交换信息实现通信，从而实现人类对物体的智能识别、定位、跟踪、监控和管理等目标。

物联网中的物体有的有生命，如植物和动物；有的没有生命，如地下管道爬行机器人、无人值守停车场、无人售票机、光控照明灯、超速检测仪等。这些物体拥有全球唯一的电子产品代码，使得人类通过该电子产品代码和网络可以连接和控制这些物体。正因如此，物联网中的物体与物体之间、人类与物体之间可以进行交流和通信。物联网中每个物体的电子产品代码类似人类的身份证，是唯一且有期限的，通过人类的身份证和网络存储的相关信息，可以知道一个人的出生地点、上学地点、工作地点、家庭情况、生活情况等。在物联网中，通过物体的电子产品代码和网络存储的相关信息，可以掌握该物体的全部信息，从而实现控制该物体的功能。简而言之，物联网实现了物理世界（人类）和信息世界（计算机）的通信和交流。

2. 物联网在智慧城市管理中的应用

目前，物联网在智慧城市管理中身兼多职，在城市安全、城市环卫、城市生活质量保证方面都有具体应用。将物联网技术融入城市管理中，对推进智慧城市管理的建设具有非凡意义。

（1）城市安全。在城市安全方面，物联网的分支技术 RFID 能识别特定目标并读写相关数据的特性，使 RFID 在智慧城市管理中见效卓著。

①采用 RFID 技术监控地下管网、桥梁和隧道结构、下水道气体、工作车辆等，如检测排水管道以实现对城市排水的管理、对城市内涝的预警、对城市突发事件的应急指挥，提高了公共设施运行的安全性。

②将 RFID 电子标签附着在地下水道的井盖上，防止井盖被盗。

③利用装载在车辆上的 RFID 电子标签，获取车辆的行驶属性和运行状态，进一步保障车辆的安全驾驶。

（2）城市环卫。在城市环卫方面，利用传感器能感受外界信息并按照一定规律转换成某种可用信号输出的特性，将传感器技术运用在智慧城市管理的环卫管理上，开辟了传感器应用的又一片天地。

①采用温度传感器和土壤传感器测量土壤的含水量和酸碱度，监测园

林绿化树木的生长环境，根据监测结果实现化肥的自动补给和水分的自动喷灌。

②利用 GPS 与传感器等结合建立的环卫监控管理系统，实现了远程监管垃圾填埋场、垃圾中转站、垃圾压缩站、化粪池等环卫设施，全面监管城市环卫的作业过程，提高环卫作业的效率和质量。

(3) 城市生活质量。在城市生活质量保证方面，采用智能控制系统和多网络融合系统，可实现城市路灯照明的智能控制，保障城市居民用水安全。

① ZigBee 路灯智能控制系统采用 ZigBee 技术实现城市路灯照明的智能控制，该系统能自动调整照明时间，不仅能节省很大一部分用电量，还能延长照明灯具的使用寿命。

②多网络融合系统实现无线传感器网络与以太网、无线局域网和移动通信网等多种网络的融合，运用无线传感器网络、水质水压表等监测设备，建立地级市政府、水务集团、供水公司等为一体的指挥调度系统和应急指挥平台，可实时感知城市供水水压、水质等，实现水务管理信息的及时分析，提升供水水质，进一步保障城市居民的用水安全。

物联网在智慧城市管理中还有很多其他方面的应用，如利用物联网技术为城市的管理服务建设一个智能管理平台，但是管理平台需要服务器、存储、网络等软硬件设施。如何将这些设施虚拟化形成统一的服务器、存储器和网络等资源还需要大家一起努力，相信有朝一日物联网能通过 GPS、RFID、红外感应器、激光扫描器等通信感知技术，结合相关协议将物体与物体、物体与互联网无缝连接，实现"万物互联"的终极目标，成功建立一个完善的智慧城市管理平台。

(二) 互联网 Web 及其在智慧城市管理中的应用

1. Web 技术概述

Web 技术是什么？其实人们日常在网上冲浪时，随时随地都会用到 Web 技术，如人们打开百度网站进行搜索，又或是打开某个网页听音乐、看视频，这些都是 Web 服务的不同形式。Web 的全称是 World Wide Web，人们习惯将其简称为 WWW 或万维网，它是基于互联网所建立的一种集合文本、图像、声音、视频等多种媒体的综合信息系统。目前主流的 Web 结构主要包含 3 个部分：Web 服务器、浏览器和通信协议。当人们在浏览器上查阅文献、搜索资料时，浏览器会向 Web 服务器发送一个资源请求，Web 服务器收到从该浏览器发过来的请求，再根据请求的内容来查找相关的资源并且将结果返回给浏览器，浏览器再将收到的文字、音频和视频在网页上进行渲染后呈现给人们。在请求的传输过程中，现在基本都遵从超文本传输协议（Http），该协议的内容规范了传输过程中数据文档的格式、优先级等，进而提高传输效率，保障 Web 服务高效运行。Web 提供了一个易于访问、图形化、多样化的动态界面，人们在浏览网页时不再是只有枯燥、乏味的文字，而是添加了更多丰富多彩的元素。为了实现网页的动态跳转，每个页面都包含了很多链接，点击后即可跳转到相关资源的网页，使整个互联网上的信息关联更加紧密。

2. Web 在智慧城市管理中的应用

Web 的广泛应用使得全世界的人史无前例地进行了大规模的信息交互、人文沟通，甚至让不同时代的人可以通过网络进行资源共享、思想交流。传统的 Web 主要是应用在软件开发、网页动态演示、数据的展示和处理。目前的 Web 技术可以和当前很多新兴技术结合在一起，如在人工智能（AI）方面，网页上面的很多智能聊天机器人，可以 24 小时在线解答一些常见问题，引导人们访问其他的信息页面或者指导人们完成购物等。

Web 与云计算技术的结合，诞生了"软件即服务"这种服务应用模式，所有的供应商将应用软件统一部署在自己的云服务器上，然后通过网络传输，提供网页接口，满足人们定制的服务需求，让软件服务具有低成本、高利用性、灵活性的优点。

现代城市是数据产生的主要来源，将海量的数据储存在服务器上，使用 Web 服务构建大数据管理平台，通过浏览器对城市各领域的数据进行索引和查看，并加以利用，为智能城市领导决策分析、作业人员智能调配、提升民意满意度以及公民诚信度提供了可靠的技术支持。

基于 Web 的应用和物联网技术，为城市生活构建城市设施综合管理系统，以网页构建可视化、数据化的界面，辅助市政公用设施管理部门对城市公共设施进行观察和管理，利用智能监控设备，实现对公路、桥隧、井盖、路灯照明、地下管网、下水道危险源等设施的定位及安全监测，通过该管理系统可以对设施进行日常检查、特殊检测以及维护管理，不仅可以提高作业效率，还节省了大量人力资源和物质资源。

(三) 云计算及其在智慧城市管理中的应用

1. 云计算概述

计算资源包括 CPU、内存、硬盘、网络及相关软件等。云计算就是将计算资源出租给用户使用。云的意思就是用户只知道使用，而不知道这些计算资源放在哪些地方。计算资源部署的地方就是所谓的云端，用户只需将自己本地的计算机与云端相连接，就可以使用云计算提供的服务，即所谓的云服务。当然，本地的计算机与云端相连接需要遵循一种协议，如同经济活动中的一种交易合同，计算机与云端在这种协议框架下进行通信和云计算资源的使用。

用户在云计算平台上能做些什么事情呢？

云计算为用户提供基础架构、平台与软件 3 种云服务，即通常所说的基础架构即服务（Infrastructure as a Service, IaaS），平台即服务（Platform as a Service, PaaS）和软件即服务（Software as a Service, SaaS）。

（1）基础架构（也称基础设施）即服务由服务器、网络设备、存储磁盘等物理设备组成，是云的基础。用户可以不用购买这些硬件设备，只需按云进行租用，不需要知道它们放在哪里，不用去维护，只需要计算机或手机等本地设备连上云端，就可以在家中使用这些云提供的硬件设备。

（2）平台即服务是将一个应用的开发和部署平台作为服务提供给用户，如操作系统和数据库系统等平台。

（3）软件即服务是将应用软件等以网络的方式提供给客户，如办公软件等。用户通过网络来运行办公软件，并在上面编辑自己的文档。软件即服务可形象地理解成用户直接获得自来水，加工处理后，做成特定的产品，如农夫山泉、怡宝等。

目前可以租用的云有很多，如阿里云、微软云、腾讯云、华为云及浪潮云等。

2. 云计算在智慧城市管理中的应用

云计算可以提供可用的、便捷的、按需的网络访问，其应用已经渗入到生活的方方面面。在智慧城市管理的应用方面，云计算技术的具体实施主要由云设备、云平台、云服务组成。

（1）智慧城市管理中的云设备。云设备主要是指硬件设备，其中包含服务器、存储硬盘、传感器、传输网络通信设备等。智慧城市管理系统中的服务器、存储硬盘可以租用云服务器和云存储。

（2）智慧城市管理中的云平台。可以将智慧城市管理系统建立在云平台上。例如，在政府政务云上直接部署智慧城市管理系统，建立市级城市管理云服务子系统，实现各区县智慧城市管理监督指挥中心的信息共享与访问，甚至可以推广到乡镇街道城市管理办。

（3）智慧城市管理中的云软件。云软件主要是指应用云计算技术实现某些具体功能的软件。例如，天气云软件可以自动获取用户所在区域的天气状况、空气质量等，从而准确高效地提醒市民，给出最合适的出行建议；在线办公系统是较为常见的云软件，过去，团队协作总需要大家聚集在一起，而今，云计算技术的应用使办公文件在线同步成为可能，这一系统运用在智慧城市管理的建设中可提高工作人员的办公效率。

（四）边缘计算及其在智慧城市管理中的应用

1. 边缘计算概述

边缘计算是一种在靠近物或数据源头的一侧，综合网络、计算、存储、应用核心能力为一体的开放平台，就近提供最近端服务，也就是用户可获得的最近的计算服务。它的优势在于其处理器更接近于数据源，缩短了有线数据传输和带宽限制带来的延迟，并对本地数据作初步分析，为云分担了一部分工作。同时，因为数据是本地化存储，所以可以满足行业在实时业务、应用智能、安全与隐私保护等方面的基本需求。

边缘计算与云计算的中心化思维不同，边缘计算的主要计算节点以及应用分布式部署在靠近终端的数据中心，这使得它在服务的响应性能和可靠性方面都高于传统中心化的云计算。边缘计算和云计算在现有的工业应用中常常互帮互助。在现有的工业场景下，边缘计算和云计算并非替代关系，而是一种三级组织架构，云把计算力分给边缘，边缘计算再把计算力下放到终端，从而实现对数据的本地化处理。

边缘计算的产生有其客观原因，网络带宽与计算吞吐量是云计算的性能瓶颈。而随着网络发展，接入网络的终端设备越来越多，导致产生海量的"小数据"，还有实时处理的需求，但是边缘计算无须将数据传回云端计算，从而可以大大节省通信带宽，减轻网络负担，降低响应数据延迟。此外，数据量激增的同时对数据安全提出了更高的要求，边缘计算作为云计算的协同和补充应运而生。

2. 边缘计算在智慧城市管理中的应用

在智慧城市的运转中，需要处理海量数据并提供实时服务，有效利用边缘计算不仅可以大幅降低网络负载，提高响应速度，降低能源消耗，减少网络带宽，还能保证数据的安全性和私密性。边缘计算在智慧城市管理中主要有以下3个方面的应用。

（1）边缘计算在城市交通管理中的应用。在道路两侧安装传感器来实时收集城市路面信息，通过在边缘服务器上运行智能交通控制系统来分析数据，根据实时路况来控制交通信号灯，以减轻路面车辆拥堵。

（2）边缘计算在城市安全管理中的应用。通过构建融合边缘计算模型和视频监控技术的新型视频监控应用的软硬件服务平台，可以提高视频监控系统前端摄像头的智能处理能力，进而建立重大刑事案件和恐怖袭击活动预警系统和处置机制。

（3）边缘计算在城市基础设施管理中的应用。传统人工控制的方式无法根据实际环境的需求实时有序地控制照明及制冷系统，即使没有人使用，灯也常亮、空调常开的情况时常发生，造成了能源的大量浪费。根据实际环境和能效控制策略，运用边缘计算技术，可以实现对城市基础设施实时有序的控制，有效解决能源浪费的问题。

第二节 智慧城市管理中人工智能与多媒体技术的应用

一、人工智能在智慧城市管理中的应用

(一)人工神经网络及其在智慧城市管理中的应用

1. 生物神经系统的模拟

人类的智慧蕴藏在大脑里，而大脑是由数量庞大的神经元组成。它们以各种各样的方式进行连接，通过信号的传递与处理，形成记忆力、计算力、识别力等。人工神经网络，就是来自对人类神经系统的模拟。

从结构上来说，人工神经网络包含输入层、隐藏层及输出层。

组成隐藏层的单元有什么作用呢？简单地说，单元就像"加工器"，将输入转换为输出层可以使用的东西。做个比喻，输入层给人们大米，单元就是电饭煲，将大米煮熟，再把熟米饭传递给输出层。这些单元的名字就是神经元，它是人工神经网络中最小也是最重要的部分。与生物神经系统类似，这些神经元互相连接并具有强大的处理能力。

人工神经元就像生物的神经元一样，有许多输入连接以及一个输出连接，输入可以是1或者0，甚至是实数。这些连接模拟了大脑中突触的作用。与大脑中突触传递信号的方式相同——信号从一个神经元传递到另一个神经元，这些连接也在人造神经元之间传递信息。神经元之间连接强度不一样，每一个连接都有权重，这意味着发送到每个连接的值要乘以这个因子。这种模式是从大脑突触得到的启发，权重实际上模拟了生物神经元之间传递的神经递质的数量。如果某个连接重要，那么它将比那些不重要的连接具有更大的权重值。

此外，人工神经网络有多种类型，每种类型都有自己特定的用途和复杂程度。

最基本的神经网络类型是所谓的前馈神经网络，在这种网络中，信息从输入到输出只沿一个方向传播。

另一种更广泛使用的网络类型是递归神经网络，其中数据可以向多个方向流动。这些神经网络具有更强的学习能力，广泛应用于更复杂的任务，

如学习手写或语言识别。

另外，还有卷积神经网络、玻尔兹曼机网络、Hopfield 网络以及其他各种网络。

2. 人工神经网络在智慧城市管理中的应用

如今，人工神经网络技术已经深入智慧城市建设的每一个角落，在城市交通流量、道路超车、停车、城市绿化等方面均有应用。有效加快智慧城市的建设脚步，给人民的生活提供便利，让生活更加智能化、科技化、便捷化。

（1）短时交通流参数预测。基于现有的交通数据采集技术和人工神经网络技术，可以快速捕捉城市快速路上交通流运行的外在特征和变化规律，准确评价快速路网的交通运行现状以及潜在供给能力，合理预测交通流的发展趋势，对解决城市快速路交通问题具有重要价值和现实意义。

（2）超车预测。随着城市化进程的不断加快，城市道路中出现的超车情况会严重地影响交通秩序，打破城市路网中的动态平衡，特别是违规超车具有极大的安全隐患。采用人工神经网络技术，可以对城市道路超车率进行预测，对解决交通拥塞、减少道路拥堵、降低交通事故的发生以及为交警提供辅助决策支持有着重要意义。

（3）停车位需求预测。随着城镇化的快速发展，城市小汽车保有量大幅提高，尽管城市基础设施建设规模日益庞大，但仍难以满足快速增长的交通需求，加上城市停车设施供给泊位总量小，路内违停现象突出，智能化停车设施滞后，停车难问题更突出。运用人工神经网络技术，结合城市交通特性和停车需求，通过停车需求预测模型，有效解决城市停车需求与供给匹配度不高、停车难等问题，大幅提高居民生活的幸福感。

（4）生态预测评价。随着城市化进程的不断推进，人口急剧增长导致城市住房紧张、交通拥堵、资源短缺、城市植被遭到破坏、环境不断恶化。选择一个城市地带性植被类型并合理创建人工林，已成为当前城市发展的重点。通过人工神经网络技术的应用，可以找出与城市气候特点适宜的植被类型，进而打造城市人工林，这样才能有效保证合理构建城市森林生态系统，具有极大现实意义与经济效益。

（二）深度学习及其在智慧城市管理中的应用

1. 深度学习概述

深度学习（Deep Learning）是一种机器学习。既然名为"学习"，和人类学习过程又有什么关系呢？

人们初学汉字的时候，一笔为"一"，两笔为"二"，三笔为"三"，规律简单有效。然而，"口"也是三笔，却不是"三"。于是，人们又总结出新规律，三笔横排是"三"，围成框是"口"。随着汉字的增多，人们不断增加和细化规则，认识和分辨出更多的汉字。

深度学习也是如此，它以人工神经网络为基础，模拟人脑思维方式，不断细化和抽象数据的一般规律，使机器能够像人一样具有分析学习能力，进而模拟视听、思考、分析推理和决策等人类活动。而这些规律不再需要人为总结和制订，这也是深度学习和经典机器学习最大的不同。

所谓"深度"，是人们所采用的神经网络的层数，层数越多网络越深。简单地说，深度学习就是利用多层神经网络，在诸如文本、声音、图像和视频等数据信息中进行机器学习的一类模型。

2. 深度学习在智慧城市管理中的应用

随着深度学习技术在计算机视觉、自然语言处理、工业生产等领域的逐步应用，"深度学习"已经广泛渗入人们的生活。在城市管理工作中，是不可或缺的一项技术。

（1）城市管理视频图像信息处理应用。深度学习被广泛应用在计算机视觉的各种任务中，包括人脸识别、图像分类、场景识别、目标跟踪等。近年来，各大城市启用的行人交通违法曝光平台和商汤科技开发的人脸识别闸机（Sesne Keeper），就是利用深度学习技术实现人脸识别功能，辅助解决安防、金融认证等领域中出现的诸多问题。这项技术可运用到智慧城市管理工作中，包括自动管辖街区中车辆违停、占道经营、乱堆物料等违章、违法行为的识别，城市中违章建筑的快速发现，烟花爆竹燃放点监管等，为城市管理的智能化提供技术支撑。

（2）语音处理应用。语音识别是深度学习在自然语言处理方面最早应用的领域。苹果 Siri、谷歌 Google Now、微软 Skyve 和科大讯飞等语音识别产品，均利用深度学习的算法将语音转变为文本，为智能问答系统、机器翻译等智能语言处理系统提供支撑。在城市管理过程中，人们可使用语音识别技术，在诸如桥梁养护、城市环卫及城市管理执法工作中，在需要快速记录的情形下，实现语音录入，将其转化为文本，形成文本信息档案，并根据内容自动分类归档，极大地提高了工作效率。

（3）智慧管理应用。工业流水生产线中的智能机器人是深度学习的又一重要应用。如雄克与 KUKA 和 Roboception 公司联合开发的 Bin-picking 机器人，利用深度学习技术构建物品分类器，协助工业中的分拣工作，改善了工业机器人的作业性能，提升了制造流程的自动化和无人化。此类机器人有望运用到城市管理如城市绿化、道路清理、自动泊车等工作中，使得城市管理工作更加自动化、智能化和智慧化。

深度学习技术将逐步用于更多的任务并将解决更多的问题。将在城市管理工作的各个领域中逐步普及，将"智慧城市管理"体现在城市管理工作的方方面面。

（三）模式识别及其在智慧城市管理中的应用

1. 模式识别的内涵

模式的科学定义是什么呢？模式是指对具体的事物进行观测后，得到的具有时间和空间分布的信息。在基于特定目的和方法分析原始数据之后，人们可以对这些原始数据执行分类或聚类等操作。

模式识别系统的基本组件是预处理、特征提取和分类。此外，模式识别有两种基本的方法，即统计模式识别方法和结构模式识别方法。统计模式识别是指对模式的统计方法分类，即结合统计概率论的贝叶斯决策系统进行模式识别的技术，又称为决策理论识别。结构模式识别是指利用模式与子模式分层结构的树状信息所完成的模式识别工作。

2. 模式识别在智慧城市管理中的应用

模式识别是智慧城市建设的重要内容，实现其应用技术的高效化发展，有助于智慧城市的深层次建设，对城市生活的安全性具有重大影响。

模式识别的应用十分广泛，对于智慧城市的建设而言，模式识别技术主要应用于城市的安全防范领域。通过应用模式识别技术，可以对文字、指纹、人脸、车牌等内容进行系统识别，为城市的社会管理提供有效依据，确保城市安防工作的顺利开展。具体而言，主要的应用有以下3个方面。

（1）实现交通诱导。在模式识别技术支撑下，GPS交通监视系统得以有效建立，其在捕获运行车辆车型、车速、停靠方式以及其他人员、非机动车辆等内容的基础上，实现了交通运行情况的有效分析，其保证了交通诱导功能充分实现。

（2）天桥安全检测。在模式识别技术下，人们可以实现天桥通行人数的有效控制，并实现通行人员不良行为的控制，有效地保证天桥应用的安全。

（3）人数总量统计。部分景区的门禁系统采用模式识别技术进行人数总量统计，其在识别景区进入及离开人数的基础上，实现了景区总人数的有效分析和推算，对景区服务质量的提升具有重大影响，有效地满足了人们的舒适度需求。

另外，重要通道监控、高点监控、人群控制等都是模式识别技术在城市安防领域应用的重要内容。只有确保这些内容的应用规范、合理，才能有效地推动智慧城市的建设进程，满足人们社会生活的需要。

（四）知识图谱及其在智慧城市管理中的应用

1. 知识图谱概述

知识图谱是一种通过节点和边来描述现实生活中的各种实体之间相互关系的语义网络，其中，节点是实体，边是它们之间的相互关系。

从字面意思来解释，知识图谱其实就是各种各样的知识按一定的方法合在一起组成的知识网络图。这里的"知识"不仅包含书本上的知识，还包含各种各样的数据信息。随着互联网的快速发展，社会进入了大数据时代，网络数据量暴增，人们生活的方方面面都蕴含着数据信息，这些数据信息其实就是潜在的"知识"，知识图谱就是由这些潜在的知识构建起来的。

如何构建知识图谱呢？这就要提到上面所说的节点、边和方法。节点就是现实世界中的各种实体，如人名、年龄、地名、公司、数学概念、某种食材等；边就是这些实体之间的关系，如大白菜、萝卜之间的关系就是都属于蔬菜类。

2.知识图谱在智慧城市管理中的应用

知识图谱让智慧城市管理的快速发展成为可能。知识图谱的发展使智慧城市管理成为进行时，让智慧城市管理变得更加智慧。

（1）智慧城市管理中的智慧园林建设。根据城市园林绿地的地理位置、园林的种植种类、园林的草木分布状况等相关信息，可以构建知识图谱，从而辅助管理人员快速来搜索查询园林的相关信息，便于管理人员进行相关的园林维护工作，并且将城市园林分布与城市空地结合起来，做出有关城市绿化的决策以及绿化资源的数字化管理。

（2）智慧城市管理中的智慧公园建设。根据公园内的相关景点来历、背景以及人文历史典故等信息构建知识图谱，完成相关景点的智慧化服务。如通过知识图谱构建相应的问答系统，给游客特别是外国游客解答疑惑。又如路线导航、景点位置、景点背景、典故等，基于知识图谱构建的公园信息。对游客的危险行为进行辅助判别，提高园内的治安水平。

（3）智慧城市管理中的地理编码服务。根据采集的地址标签数据构建地名知识图谱，它是地理编码子系统的基础，通过对地名信息进行关联处理分析，发掘相关的空间分布格局，高效、可靠地服务于地理编码子系统平台。

知识图谱技术的应用已经涉及很多方面。但是构建知识图谱需要规范化的数据，而目前网上的海量数据质量并不高，并且针对特定应用场景构建知识图谱所耗费的资源比较大，从而导致知识图谱的构建并不高效，如何通过相关技术手段使知识图谱高效地构建与应用是一个值得探究的问题。相信在大数据时代，智慧城市管理的发展与知识图谱技术一定是相辅相成的，智慧城市管理会推动知识图谱技术应用在各种场景，而知识图谱技术也会加速推动智慧城市管理的发展。未来，知识图谱将为一个完善、高效、有序、便民的智慧城市管理平台的建设打下坚实基础。

二、多媒体技术在智慧城市管理中的应用

（一）语音识别及其在智慧城市管理中的应用

1.语音识别概述

简单来说，语音识别就像机器的"耳朵"，它是一种让机器经过识别和

理解过程，把语音转变为相应的文本或命令的高级技术。例如，在手机上设置闹铃，只需要打开手机语音助手 Siri，然后对它说"设置明天早上八点的闹钟"，语音系统自动将其转换为文字，并执行相应的命令，闹铃设置成功。能够听懂人话的 Siri 依赖的就是语音识别技术。语音识别不受地点和时间的限制，并且可以快速地完成，它使人们摆脱键盘，让更多无法打字的人融入大数据互联网时代。它的出现使人们能够与机器交流沟通，极大地增加了人机交互体验感。但语音识别技术并不是完美无缺的，它也会出错，有时无法识别内容。随着深度学习技术应用在语音识别技术中，语音识别的性能有了显著提升。

2. 语音识别在智慧城市管理中的应用

在物联网时代，"说出需求，得到落实"的互动模式将进一步延伸，未来所有的手机、电器等都将拥有"听"甚至是"说"的能力，语音识别作为非常关键的人机交互技术将成为构建智慧城市的重要手段，贯穿智慧城市管理的各个方面。

（1）智慧执法。执法人员在遇到紧急情况时，可以通过语音下达预先设置好的命令，启动预案或联动操作等，也可以通过语音识别进行信息系统的实时反馈。另外，在执法人员需要快速记录时，可以利用语音识别技术将大段语音转换为相应的文字，形成相应的文档记录，极大地提高执法人员的工作效率。

（2）智能停车管理。随着经济的发展，城市车辆日益增多，如何快速找到合适的停车位，成为车主头疼的问题。在智慧城市管理中，可以利用语音识别来查询周围车库的剩余车位，然后反馈给车主最优的路线并进行语音导航。同时，车库门口采用智能设备监控车库使用情况，实时反馈剩余停车位数量。这既减少车主因盲目停车而产生的无效交通，又可以提高停车场的利用效率，减少因道路随意停车而造成的交通拥堵，从而实现城市智能停车管理，优化配置停车资源。

（3）智慧环卫。垃圾分类非常复杂，如果仅凭经验，人们在分类投放时难免出现偏差，智能垃圾箱可以很好地解决垃圾分类问题。人们可以通过语音对话垃圾箱，询问该垃圾如何分类，垃圾箱通过语音识别反馈相应的信息并结合模式识别执行相应的垃圾投放命令，还能对垃圾桶执行开盖、前行等语音控制。这不仅可以助力智能环保建设，还能减轻环卫工人的负担。

（4）安全防御。在城市安防中，语音识别可以加强安全防御机制。例如，将语音识别技术引入传统安防监控系统中，摄像头内安装麦克风，一旦识别到声音内包含危险的字词，就会立刻启动报警系统进入防御状态。又如，将语音识别技术应用在公安破案中，通过语音识别推断出犯罪嫌疑人的年龄、职业、出生地等相关信息。当嫌疑人通过整容改变外貌时，可以利用语音识别确认嫌疑人是不是要抓捕的人。

随着计算机和语音处理的发展，语音识别的实用性将进一步提高。对于智慧城市管理而言，将语音识别技术规模化应用于智慧城市管理将是未来一大发展趋势。

（二）计算机视觉及其在智慧城市管理中的应用

1. 计算机视觉概述

计算机视觉是用计算机模拟人类视觉系统的科学，它可以实现自动化、智能化和高效化地处理图像视频。

计算机视觉包括计算机成像学、图像理解、三维重建和动态视觉4大类。计算机成像学是对相机成像原理方面的研究。科研人员通过相关的图像处理算法，可以使受限条件下拍摄的图像变得更加完善。例如，遥感传感器拍摄的地面图像往往会有薄雾的遮挡，为了获取更加清晰的地物信息，计算机可以通过算法将这些薄雾去掉。又如，手机的拍照功能越来越强大，通过相关的图像处理算法，使得拍摄图像的色泽更加饱满、细节更加清晰等。图像理解，顾名思义就是去理解图像中的事物是什么及有什么意义。计算机是怎么理解图像的呢？以判断图像中的动物类别为例，人眼是根据图中动物的身型、色泽、耳朵、尾巴等特征来确定它到底是一只狗还是一匹马。计算机也采取了类似的做法，它通过一系列图像理解算法先抽取出一幅图像的颜色和纹理特征，然后根据这种特征判断这幅图像中的事物是什么。三维重建是指构造平面图像对应的三维模型，它对文物保护、植物保护、临床医学等研究起到辅助作用，例如，把二维图像中的树恢复成三维空间中的立体树，这样人们就可以从各个角度观察这棵树的生长情况。动态视觉是计算机对图像序列的理解，如视频就是一种具有时序的图像序列。近年来，无人驾驶是动态视觉中研究的热点。具体来说，车子在行驶过程中可以对观察到的连续的路况图像进行识别，判断哪里是道路，是否有行人，是否是红绿灯等，从而决定车辆是继续行驶还是停止等待。

2.计算机视觉在智慧城市管理中的应用

（1）在智慧城市管理的城市执法建设中，可以通过计算机视觉技术对视频监控技术采集到的道路图像信息进行视频图像处理、检测与识别，智能化地判断出占道经营等违法现象，并提出相应的处理建议与决策。

（2）在智慧城市管理的智慧园林建设中，可以采用计算机视觉中的图像分割技术，对园林绿地的种类进行自动分割和识别，帮助实现绿地种类的智慧管理。

（3）在智慧城市管理的城市公园智慧化建设中，可以用深度学习模型对公园各区域活动的视频监控图像进行训练和学习，智能化地对异常行为如践踏草坪、车辆闯入、火灾等现象进行识别和预警，进一步增强城市公园的秩序性和安全性。

（三）虚拟现实及其在智慧城市管理中的应用

1.虚拟现实概述

虚拟现实就是把虚拟的场景展现在现实世界中，它通过计算机对复杂的数据进行计算与建模，从而生成一个虚拟的三维空间场景，而用户可以通过穿戴特殊的设备将自己"投射"到这个虚拟的环境中，仿佛身临其境一样。

虚拟现实技术有多感知性、沉浸感和交互性3个基本特点。多感知性（Multi-Sensory）是指在这个逼真的虚拟空间里，体验者可以从视觉、听觉和触觉等感官角度无拘无束地观察和感受里面的事物，而获得这种体验感的途径就是通过传感技术和计算机技术的结合。沉浸感（Immersion）强调用户在虚拟环境中的体验非常真实，看到的、听到的、运动的都几乎跟现实场景中一样，就像完全处于现实世界中。交互性（Interactivity）则表明用户与虚拟环境之间可以进行互动，也就是说，用户可以对虚拟世界中的事物进行操作，同时虚拟世界也会给用户以真实的反馈。例如，用户可以去触摸虚拟的物体，这时候手可以感受到物体的温度，物体也可以随着手的移动而实时地移动。

2. 虚拟现实在智慧城市管理中的应用

虚拟现实技术可以应用在智慧城市管理中，促进城市管理的智能化建设。它主要从以下 3 个方面来体现。

（1）在城市规划方面，可以采用虚拟现实技术展现规划方案，通过数据接口在实时的虚拟环境中获取项目的数据资料，让管理人员更方便地对方案进行讨论和评审。

（2）在城市建设改造方面，可以用虚拟现实技术将设计的改造物品，如新型的分类垃圾桶、智能灯柱等，以虚拟的三维场景方式展现出来，设计人员可以轻松随意地对设计的形状、颜色、材质等通过系统参数进行修改，提高方案设计和修正的效率，节省设计成本。

（3）在智慧城市公园智慧化建设中也可以应用到该技术。例如，利用虚拟现实技术将景点相关的知识介绍以虚拟信息的形式添加到现实中的特定景点里，或者添加一些虚拟的具有故事情节的视频和图像在历史文化景点中，使游客更容易了解景区的背景与文化。

（四）增强现实及其在智慧城市管理中的应用

1. 增强现实概述

增强现实技术是由虚拟现实技术发展而来，它是一种将现实世界的信息和虚拟世界的信息融合在一起的新技术。例如，视觉、声音、味觉、触觉等实体信息在现实世界中不能很好地体验，需要运用计算机等技术对其进行模拟仿真后和真实世界的信息相融合，也就是将虚拟世界的物体和现实的环境实时地叠加在一起，从而被人类所感知，达到超越现实的感官体验。再如，人们可以通过全息眼镜观看新闻、天气及视频等，甚至可以模拟游戏。此外，还有人们广泛使用的美颜相机"Faceu"，"P 图"等 App 可将眼镜、帽子、兔耳朵等装饰叠加在人的面部，从而丰富照片的效果。

增强现实具有突出的 3 个特点，分别是虚实结合、实时交互以及在三维尺度空间中增添定位虚拟物体。

（1）虚实结合就是将虚拟环境与现实中的世界结合在一起，使它们出现在同一个画面上，完全感受不到真假融合产生的不和谐。

（2）实时交互是指人们可以通过交互设备，如拍照软件等，直接与虚拟物体或虚拟环境进行交互，增强人们对环境的感知。

（3）在三维尺度空间中增添定位虚拟物体实际上说的是 3D 定位性。例如，一个视频式的增强现实系统，一方面，摄像机拍摄出来的视频将直接显示在显示屏上，人们可以看到真实场景；另一方面，虚拟摄像机拍摄到的虚拟视频也被传送到显示器上，然后通过两个摄像机的全方位对准，使虚实两个场景融合在一起，并可在三维空间中自由增添、定位虚拟物体。

2. 增强现实在智慧城市管理中的应用

增强现实技术不断成熟，应用程序的数量逐渐增加，增强现实开始深入人们生活的方方面面。例如，消费者在网购衣服时可以先在线"试衣"，再决定是否购买；人们在购买家具时，可以在线将家具"摆放"在家中，观察是否合适再作决定，免去了退换货的麻烦。增强现实技术在智慧城市管理中主要体现在以下两个方面。

（1）增强现实在城市景观规划中的应用。基于智慧城市管理的建设需求，人们需要对城市景观进行设计规划和布局评价，也就是要进行景观规划。在传统方法上进行规划时，人们会将设计对象实际设想于相应的背景环境中，然后对该设想在脑海中或是在图纸中进行剖析、求解。在传统方法的基础上，运用增强现实技术，将设计对象和真实世界中的某一视点所感知到的图像信息相融合，并将相关信息形象化地展示和反馈给设计人员，从而提升规划效果。

（2）增强现实在市容环卫中的应用。城市广告牌因其商业需要层出不穷，但大量的投入使用也会浪费资源。采用增强现实技术，可以让用户通过 AR 眼镜看到市容环卫系统中预先设定的虚拟广告牌，结合静态实体、静态建筑，满足用户在视觉上的直观需求。

在智慧城市管理的建设过程中，也可以将增强现实技术应用在市政建设中，将虚拟物体叠加在真实场景中以获得规划的效果。此外，城市景观以及公园中也可以通过佩戴增强现实眼镜改善城市居民的视觉感官体验。相信在未来的智慧城市管理建设中，增强现实技术的应用会更加广泛。

第四章　智慧城市管理体制和机制创新

第一节　智慧城市管理体制创新

一、智慧城市管理体制创新的内涵

界定智慧城市管理体制创新建立在正确认识智慧城市和管理体制的基础上，只有精准地把握智慧城市和管理体制内涵，才能系统而全面地认识智慧城市管理体制创新的内涵。体制是指国家机关、企业和事业单位在机构设置、领导隶属关系和管理权限划分等方面的体系、制度、方法、形式等的总称。相较处于宏观层面的制度，体制位于社会体系的中观层面，侧重于表述制度系统。管理体制则将体制限定在了管理领域，管理体制创新是指国家机关、企业和事业单位在机构设置、领导隶属关系和管理权限等方面的突破、变革，改变了原有的管理体制。智慧城市概念起源于 IBM 公司主题报告中提出的"智慧地球"，当前对智慧城市的定义，国内外尚未形成统一概念，不同语境下对"智慧"一词的理解也有所不同，但主要从技术、城市发展、社会 3 个维度展开阐述。

从技术维度看，智慧城市通过部署信息通信技术相关的基础设施来提高城市管理水平；智慧城市以数字城市的数字框架为基础，通过先进的信息技术，为城市建设的各领域提供智能化服务。从城市发展维度看，智慧城市被认为是一种综合城市管理、产业发展、公共服务、行政效能为一体的城市全面发展战略。而国家八部委认为智慧城市是一种新的理念与模式，它通过运用物联网、GIS 等先进的信息技术，实现城市的规划、建设、管理和服务等方面向智慧化的方向转变。从社会维度看，智慧城市不仅是一种信息技术的应用、一种新的城市形态，更是一种以创新为特征的可持续的社会生态变革，而推动这种社会变革需要深刻的社会生态转型，组织和个人的生活方式都会发生改变。智慧城市管理体制创新主要围绕智慧城市展开，是政府围绕智慧城市建设问题在管理体制方面的突破与变革，以期更好地推动智慧城市建设，让城市更聪明一些、更智慧一些。

二、智慧城市管理体制创新的价值取向

(一) 民益至上、精准施策

智慧城市管理体制创新应当坚持民益至上、精准施策的价值取向。民益至上要求以满足人民群众现实需要为出发点，增强人民群众获得感，弄清智慧城市体制创新的最终目标，不是迎合上级部门绩效考核，也不是随意打着智慧口号漫无目的地开展行动，而是将人民利益放到最高层面，解决人民群众密切关注、亟须解决的现实问题。急人民群众之所急，解人民群众之所需，这也是对坚持以人民为中心的发展思想的现实体现。而以人民为中心的发展思想继承了马克思主义经典作家运用系统方法论述发展问题的优秀基因，同时被赋予新的内涵，在发展理念、发展布局、发展举措、发展过程等层面清晰展现了中国共产党人发展思想的整体性、关联性、结构性、动态平衡性、开放性等特征，它应当被认真地贯彻到政治、经济、社会和文化等诸多领域。精准施策要求智慧城市管理体制创新应当追求精细、准确，精准施策是对精准治理思想的实践。当前，精准治理思想正向各领域扩散，例如，公共服务要求精准供给、绩效管理要求精准评价等，回归到智慧城市管理体制创新领域，精细意味着智慧城市管理体制创新应当改变粗放型决策模式，努力朝精细型决策方向发展，从而提升智慧城市管理体制创新决策科学性。准确意味着智慧城市管理体制创新符合实际情况和预期，因地制宜，因时制宜，在做好调研的基础上决策，切忌形式主义、冒进主义。

(二) 质量优先、兼顾效率

智慧城市管理体制创新应当坚持质量优先、兼顾效率的价值取向。质量与效率的关系问题是摆在众多问题面前的关键一环。例如，改革、立法等需要思考质量与效率的关系问题，因为质量和效率的关系直接决定了改革和立法方向，质量优先和效率优先决定了不同的改革和立法路径。"质量"初为描述事实而不做价值判断的词汇，后期具有"优秀等级"的含义，故而透

露出质量渐有追求优异的意味，而"效"即效果、功效，"率"即比例、比率，"效率"主要指单位时间内完成的工作量。可以明确的是，质量和效率在改革和立法中均扮演着重要角色，不能一味地追求质量而忽视效率，也不能盲目地追求效率而忽视质量，理性状态是实现质量和效率的动态平衡，即在改革与立法过程中兼顾质量和效率，进而根据具体情况，对治理和效率展开最优配置。回归到智慧城市管理体制创新领域，智慧城市管理体制创新属于改革范畴，但与经济改革不同的是，智慧城市管理体制改革更多涉及民生建设领域，是对城市社会治理和公共服务领域的突破与变革，引导城市社会治理和公共服务朝向智能化、智慧化发展，而社会治理和公共服务与人民群众的日常生活密切相关，是政府与人民群众密切互动的关键领域，人民群众在社会治理和公共服务中的满意度直接与政府信任度、合法性相关联。人民群众满意度越高，政府信任度和合法性越强。反之，人民群众满意度降低，政府信任度和合法性则会变弱。应当高度重视智慧城市管理体制创新质量，追求管理体制质量，兼顾效率，在有效控制创新成本的基础上做到让人民群众满意。

（三）领域有别、分类实施

智慧城市管理体制创新应当坚持领域有别、分类实施的价值取向。究其原因，智慧城市管理体制创新是一项系统性工程，既然属于系统性工程，则适用于系统管理理论，需要处理好系统与要素之间的关系问题。只有妥善处理好系统与要素关系，实现系统对要素的引领目标，发挥要素对系统的促进作用，才能有序推动智慧城市管理体制创新。如果将智慧城市管理体制创新视为一个系统性活动，智慧城市管理体制中涉及的政府管理体制、经济管理体制、社会管理体制和文化管理体制创新则是系统性活动的有机构成部分，且政府管理体制、经济管理体制、社会管理体制和文化管理体制创新的属性各不相同，因为政府管理、经济管理、社会管理和文化管理分属不同领域。这些领域具有不同特征，并非完全相同，只有寻找到适宜这些领域特征的创新方式才能实现机制创新的最优化。领域有别是指从政府管理、经济管理、社会管理、文化管理等领域出发，寻找适应这些不同领域的管理体制创新方式，从公共政策制定层面对其做出有效区分。分类实施是对领域有别的进一步发展，在领域有别的基础上开展分类实施活动，按照唯物辩证法的重要观点，严格遵从具体问题具体分析原则，充分按照领域的基本属性与特征，选择不同主体和方式对智慧城市管理体制做出突破与变革。

三、智慧城市管理体制创新的内容体系

智慧城市管理体制创新的内容体系是摆在智慧城市管理体制面前的重要问题，但不同划分标准下，智慧城市管理体制创新的内容体系表现形式不尽相同。我们偏向于将领域作为划分标准，认为智慧城市管理体制主要包括政府管理体制、经济管理体制、社会管理体制和文化管理体制等内容，主要目标是以数字化和智慧化为指引，引导城市中的政府管理体制、经济管理体制、社会管理体制和文化管理体制朝向数字化、智慧化发展。

具体而言，智慧城市政府管理体制创新主要突出政府内部管理中对新一代信息技术的运用，打造数字政府，是政府治理方式和结构的变革。智慧城市经济管理体制创新主要是指利用新一代信息技术充分发展经济，实现新一代信息技术与经济领域的有机结合，打造数字经济。智慧城市社会管理体制创新主要是指利用新一代信息技术变革社会治理方式，打造智慧民生。智慧城市文化管理体制创新主要是指在文化领域嵌入新一代信息技术，实现新一代信息技术与文化的融合，打造数字文化。

第二节　智慧城市管理机制创新

一、智慧城市管理机制创新的内涵

界定智慧城市管理机制创新建立在正确认识智慧城市和管理机制的基础上，只有精准地把握智慧城市和管理机制内涵，才能系统而全面地认识智慧城市管理机制创新的内涵。

机制原指机器的构造和运作原理，借指事物的内在工作方式，包括有关机构组成部分的相互关系以及各种变化的相互关系。相较处于宏观层面的制度，机制位于社会工作体制的微观层面，侧重于表述"制度运行"。管理机制创新则主要是指事物内在工作方式的突破与变革，既包括有关机构组成

部分的相互关系的突破与变革，也包括各种变化的相互关系的突破与变革。智慧城市管理机制创新则是将管理机制创新限定在了智慧城市领域，在智慧城市领域审视管理机制创新问题。因此，智慧城市管理机制创新是指智慧城市在管理机制方面的突破与变革。相较于智慧城市管理体制创新，智慧城市管理机制创新更加微观，直接作用于城市居民的日常生活中。

二、智慧城市管理机制创新的价值取向

(一) 技术赋能、数据跑路

智慧城市管理机制创新应当坚持技术赋能、数据跑路的价值取向。技术赋能主要指将互联网、大数据、区块链及人工智能等新一代信息技术充分嵌入智慧城市管理机制创新中，利用新一代信息技术的特有属性推动智慧城市管理机制提质增效。互联网可以改变智慧城市管理的物理空间，将物理空间转变为数字空间，打破时空条件给智慧城市管理带来的阻碍，给人民群众带来更多便捷。用数据跑路、用数据决策是大数据时代对政府行为的基本要求，充分利用大数据技术推进智慧城市管理机制创新有助于提升公共决策科学性、增强基层政府执行力。大数据是指海量或者巨量数据，不仅具有大容量、高速度这样的技术属性，还具有大价值、关注相关联系这样的社会属性，呈现出流动性、多元化、虚拟性以及相互依存性等特征。区块链作为互联网时代信息技术发展的新成果，能够以技术赋能的方式优化公共部门治理流程，不仅在理论上提供解决公共信任问题的有效方案，而且在技术应用场景、社会治理智能化和国家宏观政策层面具备现实可行性。将区块链技术与智慧城市管理机制创新有机结合，充分利用区块链技术创造智慧城市管理机制新价值，是提升公共部门治理绩效的必然选择。人工智能不仅是改变人类生活的新技术，而且是一场前所未有的对人类生活产生强大冲击的社会革命。人工智能技术可以将人从繁杂的智慧城市管理中解放出来，以大数据为基础，实现智能机器与智慧城市管理结合，推动智慧城市管理迈向更高版本。

（二）政社联动、共赢共享

智慧城市管理机制创新应当坚持政社联动、共赢共享的价值取向。政社联动是党和国家做出的顶层设计，希望将其不断嵌入政治、经济、社会、文化等领域。政社联动要求政府和社会组织通力合作，改变政府独力承担各种社会事务的状态，转变为政府主导、多元共治局面。人类社会正处于由一个低风险性和低不确定性特征向高风险性和高不确定性特征转变的过程，政府在应对日益复杂的社会事务时稍显力不从心，或者说单独应对日益复杂的社会事务需要付出更高代价，而集中多元主体优势共同应对日益复杂的社会事务可能更好地解决问题。在党的十九大报告中也进一步指出打造共建共治共享的社会治理格局，进一步明晰了政社联动的必要性。"共"即共同、一起，希望充分发挥社会力量的作用，让社会力量充分参与社会治理，使社会力量成为社会建设的主力军。智慧城市管理机制创新更多地涉及人民群众的各方面，直接作用于人民群众的日常生活，让人民群众直接参与智慧城市管理机制创新，不仅有助于提升人民群众参与公共事务的积极性，而且增强了智慧城市管理机制创新的现实可行性。智慧城市管理机制创新的主要目的是满足人民群众的现实需要，提升人民群众的获得感（人民群众对于自身的需求最为了解，他们可以直接将现实需求反映给政府），在公共政策制定过程中有针对性地解决人民群众的需求问题。

（三）因地制宜、执行有力

智慧城市管理机制创新应当坚持因地制宜、执行有力的价值取向。因地制宜是对唯物辩证法中矛盾特殊性观点的一种实践，即无论是主要矛盾、次要矛盾，还是矛盾的主次方面均具有一定的特殊性，这使得对待问题时应坚持具体问题具体分析的思维方式。具体问题就是在一定条件、地点、时间下客观事物的多样规定性统一，或一定条件、地点、时间下的客观事物的多样规定性统一在思维中的再现，与之相对的是抽象问题。因地制宜原则的运用可以追溯很长历史，早在春秋战国时期，就有提及此思想，儒家学派创始人孔子提出的"因材施教"与"因地制宜"实则属于同一语境，虽然针对的具体问题有所不同，但对其内涵在本质上的把握与理解并没有任何区别。因地制宜不仅要求对待具体问题应坚持具体分析的原则，还需要在分析基础上恰当地解决问题。智慧城市管理机制创新不应"一刀切"，要求所有城市采用标准化的创新措施，实施标准化管理原则，而应当根据城市自身的特色和能力开展创新行为，尤其是城市特色，这是每个城市的灵魂，脱离了城市特色的创新行为对城市长远发展是不利的。在智慧城市管理机制创新中应当坚持因地制宜原则。众所周知，制度执行和制度制定同等重要，如果制度缺乏执行力，科学合理的制度也难以发挥其预期功效，而机制又侧重于制度执行。在智慧城市管理机制创新中应当坚持执行有力原则，将机制创新的内容严格地落实到位，保障管理机制创新及创新后的管理机制有序、有效运转。

三、智慧城市管理机制创新的内容体系

智慧城市管理机制创新应当主要从社会治理与公共服务入手，实现推动城市智慧化发展、增进城市居民福祉总体目标，但实现该目标需要以大数据和信息化技术为建设抓手，通过对海量信息的集中和实时共享、信息化应用的高效协同，以促进居民对信息化服务的及时获取，打造智慧交通、智慧教育、智慧治理、智慧调解等多种新型领域，寻找与交通、教育、治理、纠纷解决等领域契合的管理机制，从而有条不紊地推进智慧城市总体建设。

在智慧城市管理机制创新内容体系中，智慧城市基础设施建设和智慧城市制度完善是抓手。其中，基础设施是信息资源获取、储存和处理的承载设备，不仅包含传统的硬件设备，还包括传感设备、移动终端和云计算中心等新一代信息处理设备，能够为智慧城市管理机制创新提供有效的保障。在强化智慧城市管理机制创新抓手的基础上，明确智慧城市管理机制创新的内容和发展方向尤为关键，主要是通过智慧化手段为居民提供公共安全和公平正义等纯公共物品，以及就业、教育、医疗等准公共物品，既涉及优化治理方式、化解社会矛盾、保障公共安全等社会治理领域，也涉及就业、教育、医疗卫生、社会保障等公共服务领域。不论是社会治理领域还是公共服务领域，都要以精准化、专业化、一体化和均等化为建设方向。

第五章 智慧化城市管理的展望

第一节 智慧化城市管理的新要求与新机遇

一、新时代体制改革新要求

(一) 对城市管理体制的要求

(1) 城市管理实行大城市管理体制。城市管理的主要职责包括市政管理、环境管理、交通管理、应急管理和城市规划实施管理等。城市管理由城市党委、政府承担总体责任，所有涉及城市管理的城区、部门和单位都是城市管理的责任主体。城市管理部门不承担城市管理的总体责任，仅是责任主体之一。

(2) 城市管理部门实行大部制体制。推进市县两级政府城市管理领域大部门制改革，整合市政公用、市容环卫、园林绿化、城市管理执法等城市管理相关职能，实现管理执法机构综合设置。城市管理部门由三个行业管理和一个执法机构综合设置，实施大部制管理体制，以及大部制内城市管理机构执法体制。

两种理解。第一种，大城市管理与大部制同步。城市政府负责构建大城市管理体制，城市管理部门负责构建大部制，如南京、武汉、合肥、德阳、上饶等城市。第二种，分阶段改革。近期落实城市管理部门大部制体制改革，远期再推进大城市管理体制改革。

(二) 对城市管理考核制度的要求

大城市管理范围的考核：加强城市管理效能考核，将考核结果作为城市党政领导班子和领导干部综合考核评价的重要参考。大城市管理范围考核应强调对人的考核，考核对象是城市党政领导干部。

大部制范围的考核：推广绩效管理和服务承诺制度，加快建立城市管理行政问责制度，健全社会公众满意度评价及第三方考评机制，形成公开、公平、公正的城市管理和综合执法工作考核奖惩制度体系。大部制范围应强调对工作考核，奖惩标准是城市管理部门的工作绩效。

（三）对城市管理监督考核机制的要求

市、县政府应当建立主要负责同志牵头的城市管理协调机制，加强对城市管理工作的组织协调、监督检查和考核奖惩。建立健全市、县相关部门之间信息互通、资源共享、协调联动的工作机制，形成管理和执法工作合力。市县政府负责建立两个机制，一是大城市管理口径的协调机制，旨在保障大城市管理范围监督考核的权威性；二是大部制口径的工作机制，意在保障涉及大部制以外的部门之间信息互通、资源共享、协调联动。

二、新技术升级新机遇

"智慧化城市管理新模式"在迎来中央开启城市管理体制改革新时代的同时，以"云、物、移、大、智"技术为代表的智慧城市大潮涌动，泥沙俱下，一时间智慧城市管理呼之欲出。但是，九年智慧城市繁华褪尽，智慧城市管理落地的时间表和路线图越发扑朔迷离。数字城市管理成功发展的实践启示我们要端正基本的研究态度，坚持从实践中来再到实践中去的认识论，摒弃从技术概念出发主观臆断应用需求的认识论。即从顶层设计看，应该老老实实理解国家技术政策，从基层实践看，应该老老实实地学习行业内外的实践案例，从政策和实践的结合中找到客观可行的升级途径。在科学的探索上没有捷径可走，几分耕耘几分收获，种瓜得瓜种豆得豆。

（一）云计算的发展

云计算是推动信息技术能力实现按需供给、促进信息技术和数据资源充分利用的全新业态，是信息化发展的重大变革和必然趋势。发展云计算，有利于分享信息知识和创新资源，降低全社会创业成本，培育形成新产业和新消费热点，对稳增长、调结构、惠民生和建设创新型国家具有重要意义。

云计算经历了"十三五"的夯实基础，再到"十四五"时期培育壮大产业的阶段性发展。在"十四五"规划中，数字中国建设被提到新的高度，云计算成为重点发展产业。

新时期云计算与城市管理有关任务包括以下内容：探索电子政务云计算发展新模式，鼓励应用云计算技术整合改造现有电子政务信息系统，实现各领域政务信息系统整体部署和共建共用，大幅减少政府自建数据中心的数量。创新政府信息系统建设和运营经费管理方式，完善政府采购云计算服务的配套政策，发展基于云计算的政府信息技术服务、外包业务。

国务院文件确定了两个将要改变数字城市管理平台建设和运维方式的新政策。第一，大幅减少政府自建数据中心的数量。第二，发展基于云计算的政府信息技术服务外包业务。

（二）物联网的发展

物联网是新一代信息技术的高度集成和综合运用，具有渗透性强、带动作用大、综合效益好的特点。推进物联网的应用和发展，有利于促进生产生活和社会管理方式向智能化、精细化、网络化方向转变，对于提高国民经济和社会生活信息化水平，提升社会管理和公共服务水平，带动相关学科发展和增强技术创新能力，推动产业结构调整和发展方式转变具有重要意义。

《物联网新型基础设施建设三年行动计划（2021—2023 年）》（工信部联科〔2021〕130 号）指出，到 2023 年底，在国内主要城市初步建成物联网新型基础设施，社会现代化治理、产业数字化转型和民生消费升级的基础更加稳固。突破一批制约物联网发展的关键共性技术，培育一批示范带动作用强的物联网建设主体和运营主体，催生一批可复制、可推广、可持续的运营服务模式，导出一批赋能作用显著、综合效益优良的行业应用，构建一套健全完善的物联网标准和安全保障体系。

新时期，物联网与城市管理有关的任务包括以下内容：在公共安全、社会保障、医疗卫生、城市管理、民生服务等领域，围绕管理模式和服务模式创新，建设物联网典型应用示范工程，构建更加便捷高效和安全可靠的智能化社会管理和公共服务体系。

(三) 移动互联网的发展

随着信息网络技术迅猛发展和移动智能终端广泛普及，移动互联网以其泛在、连接、智能、普惠等突出优势，有力推动了互联网和实体经济深度融合，已经成为创新发展新领域、公共服务新平台、信息分享新渠道。《中国移动互联网发展报告 (2022)》指出，目前，物联网已广泛应用赋能传统行业，通过传感器、嵌入芯片的布设实现工业生产的智能感知和决策。搭载了物联网传感器的可穿戴设备、智能家居、智慧医疗、车联网、灾害预警系统等应用开始进入大众日常生活。

新时期，移动互联网与城市管理有关的任务包括以下内容：加快实施信息惠民工程，构建一体化在线服务平台，分级分类推进新型智慧城市建设，促进移动互联网与公共服务深度融合，重点推动基于移动互联网的交通、旅游、教育、医疗、就业、社保、养老、公安、司法等便民服务，依托移动互联网广泛覆盖和精准定位等优势加快向街道、社区、农村等延伸，促进基本公共服务均等化；推动各级党政机关积极运用移动新媒体发布政务信息，提高信息公开、公共服务和社会治理水平。

(四) 大数据的发展

信息技术与经济社会的交汇融合引发了数据迅猛增长，数据已成为国家基础性战略资源，大数据正日益对全球生产、流通、分配、消费活动以及经济运行机制、社会生活方式和国家治理能力产生重要影响。目前，我国在大数据发展中存在政府数据开放共享不足、产业基础薄弱、缺乏顶层设计和统筹规划、法律法规建设滞后、创新应用领域不广等问题，亟待解决。《"十四五"大数据产业发展规划》要求，到2025年我国大数据产业测算规模突破3万亿元，年均复合增长率保持25%左右，创新力强、附加值高、自主可控的现代化大数据产业体系基本形成。

新时期，大数据城市管理有关的任务包括：围绕服务型政府建设，在公用事业、市政管理、城乡环境、农村生活、健康医疗、减灾救灾、社会救助、养老服务、劳动就业、社会保障、文化教育、交通旅游、质量安全、消费维权、社区服务等领域全面推广大数据应用，利用大数据洞察民生需求，优化资源配置，丰富服务内容。

（五）人工智能的发展

人工智能发展进入新阶段，经过60多年的演进，特别是在移动互联网、大数据、超级计算、传感网、脑科学等新理论新技术以及经济社会发展的强烈需求的共同驱动下，人工智能加速发展，呈现出深度学习、跨界融合、人机协同、群智开放、自主操控等新特征。大数据驱动知识学习、跨媒体协同处理、人机协同增强智能、群体集成智能、自主智能系统成为人工智能的发展重点，受脑科学研究成果启发的类脑智能蓄势待发，芯片化硬件化平台化趋势更加明显，人工智能发展进入新阶段。当前，新一代人工智能相关学科发展、理论建模、技术创新、软硬件升级等整体推进，正在引发链式突破，推动经济社会各领域从数字化、网络化向智能化加速跃升。

战略目标分三步走：第一步，到2020年人工智能总体技术和应用与世界先进水平同步，人工智能产业成为新的重要经济增长点，人工智能技术应用成为改善民生的新途径，有力支撑进入创新型国家行列和实现全面建成小康社会的奋斗目标；第二步，到2025年人工智能基础理论实现重大突破，部分技术与应用达到世界领先水平，人工智能成为带动我国产业升级和经济转型的主要动力，智能社会建设取得积极进展；第三步，到2030年人工智能理论、技术与应用总体达到世界领先水平，成为世界主要人工智能创新中心，智能经济、智能社会取得明显成效，为跻身创新型国家前列和经济强国奠定重要基础。

国务院人工智能规划明确，与城市管理相关的重点任务最多、最具体：构建城市智能化基础设施，发展智能建筑，推动地下管廊等市政基础设施智能化改造升级；建设城市大数据平台，构建多元异构数据融合的城市运行管理体系，实现对城市基础设施和城市绿地、湿地等重要生态要素的全面感知以及对城市复杂系统运行的深度认知；研发构建社区公共服务信息系统，促进社区服务系统与居民智能家庭系统协同；推进城市规划、建设、管理、运营全生命周期智能化。

第二节 智慧化城市管理的制度实践

目前，我国已有一批城市牢牢抓住党中央、国务院给予的体制改革的历史机遇，紧密结合城市管理实际需要，通过地方立法、大部制改革和改进数字城市管理标准等多种渠道，努力向城市管理从末端处罚向依法治理、源头治理转移的战略目标挺进。

一、以法律固化大城市管理体制

如《武汉市城市综合管理条例》通过地方性法规对武汉"大城市管理"工作格局加以规范，形成城市综合管理长效机制。该条例用了8个条款从4个方面固定武汉大部制体制改革的成果。

澄清城市管理的基本概念。第3条[概念界定]本条例所称城市综合管理，是指各级人民政府及相关部门依法对城市公共基础设施、公共客运交通、道路交通安全、市容环境、环境保护、园林绿化、公共水域(湖泊)等公共事务和秩序进行服务和管理的活动。明确城市管理的基本原则是为市民服务。第4条[基本原则]城市综合管理应当遵循以人为本、服务为先、依法管理、公众参与的原则。

规定大城市管理体制下城市政府、市属部门、区级政府、街乡政府、专业机构和市区城市综合管理委员会等各个城市管理主体的权力责任，形成"纵到底、横到边，管理无缝隙、责任全覆盖"的"大城市管理"职责法定的地方法规。第5条[管理体制](略)。第6条[市级职责]市人民政府应当加强对城市综合管理工作的领导，建立城市综合管理机制，制定城市综合管理工作目标，监督管理全市城市管理工作。城市管理(执法)、城乡规划、城乡建设、交通运输、水务、房屋管理、工商、环境保护、质量技术监督、食品药品监督、民政、商务、文化、教育、旅游、信息产业、卫生、农业、园林、广播影视、公安等部门应当在各自职责范围内履行城市管理职责，进一步向各区下放城市管理职权，加强对区级部门城市综合管理工作的指导、监督。第7条[区级职责](略)。第8条[街、乡镇、居委会职责](略)。第9条[单位职责]供水、供电、供气、供热、邮政、通信、公共交通和物业服务等单位,应当配合相关部门做好城市管理相关工作。

明确大城市管理体制框架下监督考核机构职责法定,以及监督考核机构隶属城市政府。第10条[城市综合管理委员会职责]市、区城市综合管理委员会,对与城市管理有关的重大事项进行统筹协调,履行下列职责:①组织编制城市综合管理工作计划、实施方案和考核标准,经本级人民政府批准后组织实施;②指挥、调度、协调成员单位开展城市管理工作;③组织开展城市管理监督考核工作;④完成本级人民政府和上级交办的其他工作。城市综合管理委员会的日常工作由其下设的办公室承担。

二、以法律固化源头治理保障措施

如《武汉市城市管理条例》在城市规划、城市建设、设施养护等城市管理上游、中游等城市管理源头环节,为城市管理提供法治化的长效保障。第13条[规划要求](略)。第14条[建设投入](略)。第15条[保障机制](略)。第16条[作业市场化](略)。

南京、海口、合肥、上海、沈阳等上百个城市,充分发挥大部制优势,形成城市设施管理、环卫养护和城市管理执法的城市源头治理的行政资源和物质资源的合力,以物质资源合力填平补齐城市规划和建设遗留的短板,以管理资源合力提升管理效率和水平。城市管理主体可以看作两类:一类主体是包括部分城市管理职责,如文化、食药、交通等部门;另外一类主体的全部职责都是城市管理范畴,如市政、环卫、园林,以及供水、供气、供热等专业单位。中央37号文件推进的城市管理大部制改革的实质是将第二种管理主体的机构综合设置,消除管理主体间体制性内耗,以及物质资源分散降效,从体制上保障城市管理的中游管理、养护和下游处罚,各个职责和资源顺畅衔接,权责一体,维持城市管理的基本效率。根据对全国100个地级以上城市的调查,80%以上的城市实行管理与执法相结合的城市管理体制。如下案例体现了城市管理和执法综合设置的体制优势。

实践证明,大部制能够最大限度地避免城市管理中下游部门间职能交叉、政出多门、内耗严重的体制痼疾,有效维持行政效率,促进1600多万市政、环卫、园林和执法职工,依法依规地为城市管理、养护和执法履职尽责。几十年城市管理的实践证明,以市政公用、市容环卫、园林绿化管理和养护为目的的行政、物资、人力和财政资源的协力投入，是大幅减少城市管理执法案件的数量，逐步减轻城市管理末端执法单打独斗压力的可行路径，能够较快提升城市管理能力和取得较好的城市管理效果。

三、以文件指导和规范智慧城市管理建设

以安徽省为例，该省住房和城乡建设厅于2018年11月出台了《安徽省智慧城市管理建设导则》，全国首个升级"智慧城市管理导则"问世，一扫智慧城市管理建设假大空之风，导则紧密结合科学城市管理体制和适用智慧技术的实际需求，在全国具有重要的指导意义。

第三节　智慧化城市管理的技术实践

城市管理行业信息化与智慧化技术同步发展，省、直辖市和市县陆续在不同领域开展技术升级和方向探索，取得了初步的实践经验，值得全行业学习和借鉴。

依据部分省市发布的推进智慧城市管理建设的指导意见、建设方案和部分城市涌现出一定数量的应用成果的实践，结合国家五个专业规划的理解，数字城市管理智慧化升级的大致方向可以聚焦在三个推进：第一，推进城市管理行业应用智慧化改造升级；第二，推进数字城市管理平台智慧化功能升级；第三，推进省级平台联网建设和监督体系完善。

一、关于推进城市管理行业应用智慧化改造升级

结合城市管理部门机构综合设置的主要职责，建设智慧市政设施管理系统、智慧市容环卫管理系统、智慧园林绿化管理系统、智慧水务监督管理系统、智慧城市照明管理系统以及户外广告、渣土运输、违法建设、智能停车、智慧管线等专项业务应用系统。建设城建档案数字化系统，实现市政公用设施建设档案信息共享。建设城市管理执法数字化系统，提升城市管理执法信息化水平，同时加强城市管理执法案件协作联动信息共享建设，打通规划、建设、国土、环保、公安、水利、工商、食药监等行政管理与行政执法

信息衔接的瓶颈，维持城市管理执法工作秩序。

二、关于推进数字城市管理平台智慧化功能升级

基于物联感知技术，针对井盖、广告牌、公交站台、桥梁、河道、城市照明、环卫车辆、施工工地管理等城市管理部件对象，探索升级数字城市管理平台数据获取物联感知功能。基于视频人工智能分析技术，针对店外经营、无照游商、占道经营、乱堆物料、非机动车乱停、违规户外广告、打包垃圾、违规撑伞、垃圾箱满溢、沿街晾晒等事件对象，探索升级数字城市管理平台监督数据获取、任务派遣、结果核查、绩效考核分析和平台运转的智能化功能。基于大数据技术，以城市公共基础设施、公共客运交通、道路交通安全、市容环境、环境保护、园林绿化、公共水域（湖泊）等公共事务和秩序的管理难点问题为导向，逐步升级数字城市管理规律发现、源头治理的辅助决策功能。基于移动互联网技术，通过 App 服务、微信和微博自媒体形式，畅通群众参与城市管理、政府宣传的渠道，整合市政公用、市容环卫、园林绿化和城市管理执法等便于服务市民的窗口服务事项，探索升级数字城市管理平台便民服务功能。基于信息共享技术，加快城市管理应急风险普查和数据库建设，建设共享信息资源服务体系，探索数字城市管理平台在城市管理紧急事件处置功能方面的升级方法。

三、关于推进省级平台联网建设和监督体系完善

开展省级平台建设，加强城市信息基础设施统筹规划布局，整合城市管理基础数据资源，形成系统运行稳定、信息数据安全的省级平台和省级数据中心。开发省级应用系统，逐步实现省市县三级平台互联互通。加强体制机制建设，在总结试点城市建设运行经验的基础上，探索建立创新规范的投资、建设、运营、管理、服务标准模式，形成切实可行的组织领导、指导推进、评价考核、政策促进和制度标准体系。加强对市县平台的运行监管，制定全省智慧（数字）城市管理系统运行情况考核办法，实现对各地系统平台运行情况的有效监管与监督考核，形成全省城市管理监督到位、协调到位、指挥到位的信息化监管体系。

第六章　智慧城市管理绩效评价体系，以浙江省为例

第一节　浙江省智慧城市管理概况与定位

一、浙江省智慧城市管理的发展过程

浙江省经济发展较快、较早，早在 2000 年前后，浙江省县级以上城市甚至中心城镇就已步入了城市化快速发展阶段。随着城市规模的不断扩大、城市人口的急剧增长和城市管理范围的不断拓展，市民对城市管理质量的要求在不断提高，参与城市管理的愿望也日趋强烈。

2005 年 7 月，浙江省杭州市被列入第一批"智慧城市管理"试点城市后，浙江省"智慧城市管理"工作正式启动。"智慧城市管理"是"数字浙江"的重要举措，是更新城市管理观念、提高城市管理效率、提升城市管理水平的重要手段，有关部门认真学习研究北京市东城区的经验，结合浙江省实际，抓好试点，逐步推开，以此为载体，全面提升浙江省城市日常和应急管理水平。

8 年来，浙江省智慧化城市管理在浙江省住房和城乡建设厅的指导下，取得了很好的成绩。到 2013 年 7 月底，全省已有 100 个县（市、区）建成并运行"智慧城市管理"。

浙江省推进智慧化城市管理建设与运行分为三个阶段。第一阶段为试点阶段，2006—2007 年分两批共确定 15 个省级试点城市，包括大、中、小三大类，每一类中有发达和欠发达不同平台建设要求和投资模式，4 个国家试点城市和绍兴县（今绍兴市柯桥区）全部通过验收。第二阶段为全面推广建设阶段，2008—2013 年浙江省逐步完善全省智慧化城市管理运行系统，并将城市管理方式和管理机制逐步向镇乡延伸与拓展，实现城乡一体化管理模式。目前进入第三阶段，为智慧化城市管理向智慧城市管理转换的试点与

推进阶段，逐步实现城市管理的智能化。

　　智慧化城市管理运用现代信息技术，通过整合城市管理资源，创新城市管理模式，通过实时、动态和精细运行，实现了城市快速、便捷、高效的管理，并使城市管理更加人性化，进一步促进城市管理公平、公正，增强政府公信力，更好地为广大人民群众服务。一是管理效率显著提高。第一时间发现、第一时间处置、第一时间解决，扁平化管理层次使城市管理问题的发现率、处置率和解决率大幅提高，城市管理中的民生问题得到有效处理，城市管理难点问题得到有效控制，城市管理者的城市管理能力得到有效提升。二是应急处置能力有了提升。"智慧城市管理"通过整合公安视频系统、防汛指挥系统以及桥梁在线监测系统等城市管理资源，极大提升了政府通过智慧化城市管理平台应对突发事件的预测和处置能力。三是公众对城市管理的参与度不断提高。智慧化城市管理的生命力在于为百姓服务，各地将通过智慧化城市管理平台将城市管理的触角延伸到社区，为"小事不出社区"搭建了平台，建立了群众对城市管理的监督、评价和求助体系，为民办事的效率和群众满意度不断提高。四是长效管理机制逐步建立。各地政府将智慧化城市管理纳入相关部门的岗位目标责任制考核内容，通过智慧化城市管理平台，进一步量化城市管理指标，通过"智慧城市管理"全时段、全覆盖、精细化、实时化、快速化的高效运行，使城市的日常管理更加精确高效，更加全面迅速，更加常态持续，更加职责明确，保证了城市环境整洁优美，城市秩序井然有序，城市品质明显提升。五是管理成本明显降低。智慧化城市管理平台节约了城市管理各相关部门的资源，在日常管理中，节省了大量的行政成本。

二、浙江省智慧化城市管理模式

　　目前浙江省智慧化城市管理的主要管理模式有以下4种。

(一)"集中监督、集中指挥"的管理模式

　　"集中监督、集中指挥"的管理模式。这种管理模式是指在市本级设立独立的监督中心和指挥中心，市辖各区不单独设立监督中心和指挥中心，市本级监督中心通过热线举报、城市管理监督员以及智能化调配等方式上报问

题的受理和监督工作，负责对城市管理监督员的考核管理工作；市本级指挥中心负责问题的处置和协调工作，通过立案将发现的问题派遣给各职能部门和各区，通过核查将发现的问题结案处理。"集中监督、集中指挥"的管理模式一般适合于城市规模相对较小的县级市和城市管理重心在市本级部门的城市。

(二)"一级监督、两级指挥"的管理模式

"一级监督、两级指挥"的管理模式。这种管理模式是指在市本级设立统一的监督中心，同时在市本级设立指挥中心，并在各区设立区级指挥中心。市级监督中心负责热线举报、城市管理监督员以及智能化调配等方式上报问题的受理和监督工作，负责城市管理监督员的考核管理工作。市本级指挥中心负责问题的处置和协调工作，按区域划分将区级城市管理问题派遣给区级指挥中心，各区级指挥中心负责本区范围内城市管理相关问题的派遣和协调工作，区级指挥中心将无法处理的问题上报到市级指挥中心协调处理。"一级监督、两级指挥"的管理模式，一般适用于区级承担较多的城市职能的中小型城市。

(三)"两级监督、一级指挥"的管理模式

"两级监督、一级指挥"的管理模式。这种管理模式是指在市级设立监督中心，在区级设立监督中心和指挥中心。市监察中心负责受理和监督热线举报、城市管理监督员和智能部署人员举报的问题，负责城市管理监督员的考核管理工作；区级监督中心负责区级热线举报和区级城市管理监督员以及智能化调配等方式上报问题的受理和监督工作，负责区级城市管理监督员的考核管理工作；各区级指挥中心负责本区内市级、区级城市管理相关问题的派遣和协调工作。这种模式一般适用于需要城市管理重心下移的城市。

(四)"两级监督、两级指挥"的管理模式

"两级监督、两级指挥"的管理模式。这种管理模式是指在市级设立监督中心和指挥中心，同时在各区设立区级监督中心、区级指挥中心。市监察中心负责受理和监督热线举报、城市管理监督员和智能部署人员反映的

问题，以及城市管理监督员的考核和管理；市指挥中心负责问题的处理和协调，并将发现的问题通过备案的方式发送至各区指挥中心，并对发现的问题核实结案；区级监督中心负责热线举报、城市管理监督员以及智能化调配等方式上报问题的受理和监督工作；区级指挥中心负责本区城市管理问题的派遣和协调工作，区级指挥中心无法处理的问题上报到市级指挥中心协调处理。

三、浙江省智慧化城市管理取得的成效

浙江省的智慧化城市管理工作自2005年7月启动以来，在省委、省政府的领导下，把推进智慧化城市管理与贯彻落实邓小平理论、"三个代表"重要思想、科学发展观结合起来，与践行党的群众路线结合起来，与打造服务型政府结合起来，开拓创新，扎实工作，在推进全省新型城市化建设的进程中发挥了积极作用，在加强和创新社会管理上发挥了积极作用，在提升全省城市管理水平、人民生活品质上发挥了积极作用，在维护社会和谐稳定上发挥了积极作用。全省的智慧化城市管理工作走在了全国的前列。近年来，浙江省智慧化城市管理的成效主要体现在以下几方面。

(一) 城市管理的体制机制不断创新

1. 领导重视，实现了全覆盖

智慧化城市管理作为全新的城市管理模式，一开始就得到了各级领导的高度重视。

浙江省的"智慧城市管理"工作开展以来，得到了省委、省政府和各市党委、政府的高度重视，省委、省政府相继出台了一系列政策、法规。从中央到地方各级领导，对智慧化城市管理多次作出指示、批示，省、市各级领导多次深入"智慧城市管理"实地考察，给予指导、帮助。

在资金投入、人员配备、机构设置等方面也都给予大力支持，为智慧化城市管理工作的发展注入了强大的推动力。目前，"智慧城市管理"已在全省100个县 (市、区) 建成并运行，基本实现智慧化城市管理全覆盖。其中，杭州市在县 (市、区) 城市化区域全覆盖的基础上，完成了27个中心镇智慧化城市管理系统建设，成为全国第一个实现中心镇全覆盖的城市，覆盖面积

475.7平方千米。其他如嘉兴市、桐乡市、安吉县、原绍兴县等市（县）也推进智慧化城市管理向中心镇延伸。同时杭州市在"智慧城市管理"建设上也取得新突破，在召开的试点项目展示会上杭州市智慧城市管理建设成果得到了以毛光烈副省长及潘云鹤院士为首的专家组的好评。

2. 创新模式，建立长效管理机制

各地在推进智慧化城市管理工作中，因地制宜创新管理模式、创新管理载体，确保"智慧城市管理"全时段、全覆盖、精细化、实时化、快速化高效运行。杭州市在实践中探索、创新，在全国首创信息采集市场化做法。通过建立市场化的信息采集机制，大大降低了运行成本。丽水市积极探索建立政府主导，一级监督（市），二级指挥（市、区），三级管理（市、区、街道）的高位监管模式，由市政府副秘书长专职担任城市管理监督指挥中心主任。他们的做法得到省政府领导的充分肯定，陈加元副省长还专门作了批示。原绍兴县依托物联网、GPS、GIS等技术，实施"数字环卫"，使垃圾倾倒、环卫车辆作业、垃圾站垃圾收集等实现精细化、可视化管理。他们还推出路长（河长）制管理模式，将城区的36条主要道路和41条主要河道由73个部门、镇（街道）来认领管理，并由这些单位的一把手任"路长"或"河长"，实现了长效管理。

3. 建章立制，完善工作机制

为进一步提高智慧化城市管理运行效率和质量，使智慧化城市管理工作的展开有法可依、有章可循，浙江省注重标准体系建设，在全国率先开展省级标准规范制订工作，目前已制订了《智慧化城市管理部件和事件分类与立结案标准》《智慧化城市管理绩效评价规范》《浙江省智慧城市管理系统建设运行导则（试行）》《浙江省智慧城市管理岗位规范》《浙江省智慧（数字）城市管理工作绩效考核办法》等一系列规范和标准，不断完善标准体系建设，规范智慧化城市管理运行体系，强化各职能部门的责任意识，有力地推进了智慧城市管理工作。

（二）新技术在智慧化城市管理中的应用

智慧化城市管理信息系统平台运用与整合了多种现代最新技术。以信息流实现人流、物流，通过城市管理各种的信息化、法治化以及透明化，从而实现智慧城市技术应用领域的创新。利用成熟网络技术，结合有线网、无线网的互通互联，搭建城市管理新模式的基础设施平台；利用城市网格地理技术，实现城市管理区域的划分，创建城市管理新的地理区域空间体系；利用地理位置编码技术，实现城市管理对象在城市管理区域中的精准定位；利用 GPS 技术，实现信息采集器和城市管理事件、部件对象的精确定位；利用 GIS 技术，实现图文一体的处置协同工作环境；利用遥感（RS）技术，获取城市遥感地理图像信息，实现城市管理对象信息的可视化管理；利用 ETL 技术，建设城市管理信息数据库集，实现城市管理海量地图数据群；利用大数据、数据挖掘技术，将城市管理对象事件、部件信息按照不同时期、不同类别进行分析、挖掘，实现城市管理对象事件、部件的专项普查和城市管理内容评价体系的智慧化管理。

宁波市开始进行智慧城市管理一期建设，精心规划、扎实推进，形成"市区统一平台、两级应用"的管理模式以及"大城市管理、大协作"的管理局面。杭州市根据国家、省、市智慧城市建设的发展战略，结合杭州市未来3 年的智慧城市管理建设需要，按照顶层设计的思想提出了杭州市智慧城市管理建设的总体规划，该规划获得了中国工程院常务副院长潘云鹤院士的赞许。温州、海宁等地也在稳步开展智慧城市管理建设。

（三）信息采集的方式方法和手段不断创新

信息采集是智慧化城市管理受理城市管理问题的主要来源，信息采集作为智慧化城市管理信息来源的主要渠道，信息采集数量的多少、质量的高低，采集的时效在案件的快速交办、迅速处置中发挥了不可或缺的作用，如何充分发挥智慧化城市管理（智慧城市管理）的优势，提高信息采集的质量和信息采集的时效，各地市有许多创新做法。为确保问题被及时全面的发现，杭州市智慧化城市管理采取政府"花钱买信息""养事不养人"的做法，率先在全国走出了一条实施市场化信息采集的新路子。另外，玉环、温岭等县（市）根据当地实际，在信息采集时，在某一时段集中采集某一城市部件问题，全面排查、集中整治，解决了分散式派遣低效能、高成本的问题。许多县（市）利用视频监控系统包括固定视频监控、车载移动视频等多种形式的图像感知，为智慧化城市管理信息采集提供图像信息。义乌市、宁波市等建立了以政府、市民互动为核心的热线公众服务平台，纳民意、解民惑，及时解决市民反映的城市管理问题，拉近公众和智慧化城市管理之间的距离，增强市民对政府工作的了解，有利于城市管理者密切联系群众，倾听群众呼声，深入了解民情，充分反映民意，提高公众满意度，从而树立良好形象。嘉兴等地开启各类在线服务，开通官方微信、微博，联合市民论坛，将社会公众反映的城市管理问题直接转入智慧化城市管理系统处理。宁波市智慧城市管理提出了智能感应技术，在示范工地安装噪声监控仪实时采集噪声信号，通过系统自动描绘噪声分贝警示曲线，同时工地的信息也在数据库里面予以记载。这项技术的有效应用，使工地整改做到了实时、快速、有效，为查报减少了很多盲区。宁波市智慧城市管理的网格化城市管理卫星综合应用服务示范项目已获得国家发改委、财政部北斗卫星应用示范项目立项批复，在城市管理领域是第一家。该项目的主要示范作用一是用北斗卫星定位取代GPS定位，二是航拍的遥感卫星影像照片在城市管理领域的应用，诸如违章建筑、树林破坏、环境污染等问题的查报、跟踪，城市管理将大幅度提高技术的智慧化。适时适量地引入新技术、新工具，能够使城市管理更加耳聪目明，在提升问题查报能力方面更及时精确，从而帮助城市管理实现由数字到智慧转变，为智慧城市建设夯实基础。

（四）城市管理协同处置创新

智慧化城市管理系统是采取闭环的运行流程，通过城市管理问题采集、派遣处置、指挥协调、监督评价等环节实现工作量化、处置及时、考核公开的一种先进管理手段。只有保证各环节有机结合，责权配置均衡，链条环节承续，才能保证其发挥作用。这就需要所有涉及智慧化城市管理工作的部门都要服从系统的指挥、派遣、考核、评价，形成以智慧化城市管理为抓手的大城市管理体制格局。杭州市智慧化城市管理不断探索和深化协同工作机制，从市、区协同平台的建立，到市协同平台的城市管理系统的挂职管理，再到2012年市协同平台纳入市委组织部重点工程挂职管理序列，走过了一条不断创新和发展的道路，取得了明显的工作成效。宁波市智慧城市管理工作的核心内容就是促进城市管理问题的解决，主要体现在打造大平台，实现部门有效联动的大城市管理模式：树立仲裁权威，实现疑难责任主体的多级认定模式；出台绩效考核，以市政府名义实施全系统考核，三管齐下，取得很好的效果。义乌市96150热线在整合资源、承担政务职能和社会服务等方面走出了自己的特色，运行4年多来，热线受话量也从最初的一天二三十个增加到现在的1600多个。在加强信息共享、完善政务信息新体系，梳理后台知识库，完成"一键通"试点，拓展民生服务范围，强化业务培训和团队建设，确保平台服务质量，加大监督考核力度，助推政府职能转型等方面，形成一个完善的、可供各部门共享共用的公共管理服务信息资源体系。

（五）资源整合，注重实效

智慧化城市管理是以信息技术为支撑，对城市管理体制、机制和管理流程进行创新，它促进城市管理资源的整合，极大地提高了城市管理的效率和质量，有效解决了城市管理中条块分割、职责交叉、推诿扯皮等老大难问题。经过几年来的实践，各市都收到了较好的效果。

智慧化城市管理有效整合了信息资源和管理资源，节约了巡查成本、问题处理成本、管理对象成本，减少了城市部件丢失和损坏以及由此造成的水、电、气等资源浪费的问题。如杭州市的市场化信息采集法，富阳区"智慧城市管理"依托电子政务网络系统整合执法网、建设网、社区网、党政教育系统等局域网络建立"N网合一"的网络电子平台等，都为加快建设资源节约型城市作出了贡献。

宁波市智慧城市管理中心整合治安监控视频4700余路、企业征集资源46万余条、基础地理信息2430平方千米，初步实现了与公安、工商、规划等部门的资源共享共用，使城市管理的各类问题实现了按职归类、按责处置、按区包干的大城市管理模式。义乌市智慧化城市管理中心，将综合行政执法局等10个特服号码，及其他64个政府部门和公共服务企业的投诉咨询号码整合到96150热线，搭建了"一号对外"的服务平台，深受市民的喜爱。温州等地也在整合资源方面做了探索与实践。

（六）功能拓展创新

将智慧化城市管理的触角延伸到所有的社区城市管理服务室，建立了社区发现问题通过智慧化城市管理系统交办、解决的工作机制，为"小事不出社区"搭建了平台，建立了群众对城市管理的监督、评价和求助体系，不断提高为民办事的效率和群众满意度。同时，各地智慧化城市管理中心积极围绕政府中心努力开展工作。如浙江省委省政府开展的"三改一拆"和"交通治堵"两项重点工作，智慧化城市管理积极参与，做好服务。杭州市等地利用智慧化城市管理全面覆盖的优势，全面及时发现各类疑似违章建筑，提供第一手信息，进入拆违阶段的，做好工地周边洁化、序化的保障。围绕"交通治堵"，一方面通过智慧化城市管理发现、交办和处置了大量的违停案件，另一方面，堵疏结合，通过智慧城市管理的停车诱导公共服务，引导有序停车。

（七）城市管理服务创新

为人民群众提供实时、精确、高效的管理和服务。"第一时间发现问题、第一时间处置问题、第一时间解决问题"是智慧化城市管理的工作目标，也是智慧化城市管理的优势所在。运用智慧化对城市管理的各事部件进行实时采集、监控、处置，使城市管理中的各种问题在"第一时间"得到回应，改善了老百姓的生活品质，化解了各类矛盾。

（1）扁平管理层级，实现市民与政府的互动。智慧化城市管理彻底改变了传统城市管理责任不到位、管理方式落后、管理手段单一、条块分割、职能交叉、效能低下的局面，使管理更直接有效。

杭州市智慧化城市管理信息处置中心被确定为全市十个社情民意直报点之一，智慧化城市管理反映的市民关心的热点难点问题可以直接报送市委市政府主要领导，为领导决策提供了翔实的第一手资料。

（2）服务民生，关注百姓身边的"小事"。城市管理涉及方方面面，一桩桩、一件件都与民生息息相关。智慧城市管理充分发挥实时、精确、高效的优势为老百姓生活出行排忧解难。宁波智慧城市管理中心以"甬城智慧城市管理"微博为平台，以"微"知著，实时发布"微提醒""微联动"，收到较好效果。在2013年10月强台风"菲特"袭来时对市民出行导航发挥了很好的作用。

（3）公众参与，落实"人民城市人民管"的理念。智慧化城市管理的生命力在于为老百姓服务，现在许多市地智慧化城市管理通过热线电话、微信、微平台、门户网站等公众服务平台，让老百姓参与城市管理。

绍兴市智慧化城市管理组织开展了"城市乱象、不文明行为曝光月"活动，让市民群众对城市乱象、不文明行为进行曝光，使一些久拖不决的老大难问题，得到了及时有效地解决。

温州市智慧城市管理中心推出了便民服务手机应用软件（App），软件包括环境卫生曝光台、市民便民服务、96310及12319热线。市民可直接用手机将身边的窨井盖缺失、道路破损等城市脏乱差现象拍下来，实时上传给智慧城市管理平台进行立案处理，实现了人人参与城市管理。

嘉兴市的环境卫生曝光台，借助互联网在线调用"天地图·嘉兴"地理信息公共服务平台来实现对环境卫生问题的精确举报，使城市的脏乱差问题第一时间得到解决，提升了城市的管理水平。

嘉兴市通过创新方法让市民参与城市管理，他们在2013年3月组织开展了由市民自愿参与的"啄木鸟"志愿者活动。以"啄木鸟"行动，打破信息采集队伍发现问题的局限性，拓展了问题发现渠道。目前已组建近200人组成的"啄木鸟"队伍。

各地运用信息技术对城市部件实施精细化管理，成效十分明显。最为显著的是自智慧化城市管理运行以来，在各地智慧化城市管理精细化监管下，未发生因监管不力导致窨井盖缺损而产生的伤人事件。

（八）智慧化城市管理队伍建设创新

智慧化城市管理综合创新城市管理和现代先进信息技术的有机结合，能否发挥智慧化城市管理的最大效能，队伍建设至关重要。目前智慧化城市管理队伍存在的主要问题表现在以下方面。

（1）人才缺乏。智慧化城市管理需要既懂现代城市管理理论又懂现代信息技术的复合型人才，但目前非常缺乏这样的人才。

（2）来源单一。近几年各地市智慧化城市管理从业人员的来源主要是城市管理系统调入，这些人员懂一定的城市管理理论，但对现代信息技术理解不深，对如何将这些先进技术应用到城市管理中缺乏了解。另一类人员是通过招考招聘进入到智慧化城市管理队伍中，既有城市管理类专业毕业的，也有计算机专业毕业的，甚至还有诸如法律专业毕业的，但这些人员普遍不太适应智慧化城市管理工作，需要单位培养后才能适应工作。智慧化城市管理队伍的建设不断取得突破，浙江省是第一个在高校开设智慧化城市管理专业的省份，为社会输送了优秀专业人才。

四、智慧化城市管理省级平台建设研究

（一）建设背景

智慧化城市管理的实施，对解决城市管理中管理信息不对称、城市管理被动后置、政府城市管理缺位、专业城市管理部门职责不明、城市管理方式粗放、城市管理缺乏有效的监督以及评价机制、城市管理缺乏长效机制等城市管理问题起到明显的成效，但也暴露出一些问题，迫切需要我们有新的技术和管理手段来应对城市管理中的各种挑战，具体表现为以下方面。

①运行功效不理想。一些市县新的体制机制没有建立，个别市平台建成后没有正常运行起来。也有不少地方，智慧化城市管理运行范畴还停留在部门小城市管理上，仅仅处理市容管理内容，远远未达到当初设计的要求。

②技术标准不统一。由于历史的原因，一些城市的"智慧城市管理"建设、运行未遵循国家和省有关智慧化城市管理标准，建成的系统流于形式，统计评价信息与实际数据相差甚远，未能使智慧化城市管理充分发挥作用。

③省级无分析评价。各县（市、区）运行数据无及时汇总，工作不能及时指导、运行问题不能及时解决。

④民生服务不能及时推进。省内很多地方公众参与度不够，很多地方只是为了解决城市管理问题，忽视了民生服务，公众参与度不够。智慧化城市管理工作的生命力以及可持续发展在很大程度上取决于城市居民的关心程度以及参与程度。由于城市管理者与公众沟通渠道不畅通，联系不密切，宣传不到位，因而造成政府公共管理和社会服务的职能在市民中展现不够，造成很多市民不知道、不了解智慧化城市管理，市民公众参与城市管理的渠道偏少因而影响了智慧化城市管理的效果。

浙江省政府及住房和城乡建设部要求，要尽快开展智慧化城市管理省级平台的建设，实现高位监督、应急救助、服务百姓生活的综合管理服务功能，在实际城市管理工作中，也迫切需要一个省级平台，以便省级领导及部

门随时了解全省城市管理实际状况，当前搭建浙江省智慧化城市管理平台建设可以考虑三方面的目的：一是建设省级智慧化城市管理分析评价系统，统一标准，做到省、市、县三级统计与分析；二是建设省级应急指挥平台，为省领导对全省城市的防汛、抗台、供水、供气等城市管理应急事件进行宏观决策提供一个基础平台；三是建设一个全省统一的城市管理民生服务渠道，推动智慧化城市管理与服务经济、服务民生相结合，促进城市管理由单纯管理向管理服务转变。

(二) 平台总体结构

智慧化城市管理省级平台建设的总体结构为"一库、一网、一平台、五大系统"，采用面向服务的架构 (SOA)。

一库，即省级智慧化城市管理中心库，依托各地智慧化城市管理运行和管理数据，通过交换平台汇集到省级中心，形成一个省级智慧化城市管理核心数据库，包括智慧化城市管理基础地理库、智慧化城市管理基础属性库 (部件、事件)、智慧化城市管理案卷库、各地公用事业监管库等城市管理中形成的各类数字形态的基础数据。

一网，即省级智慧化城市管理专网 (可共享)，通过智慧化城市管理专网，省级中心可连接所有县 (市、区) 智慧化城市管理系统，一方面实现各地智慧化城市管理系统运行管理数据交换上传，另一方面未建智慧化城市管理的县 (市、区) 可共享省级智慧化城市管理系统。

一平台，即省级智慧化城市管理数据交换平台，通过数据交换平台，按照确定的标准规范，可以将各县 (市、区) 智慧化城市管理各类运行、管理数据交换至省级中心，实现智慧化城市管理、公用事业的在线监管。

五大系统，即基于库、网、平台构建的省级智慧化城市管理监管分析系统、省级城市管理应急指挥系统、省级城市管理公用事业监管系统、省级城市管理公共服务系统、省级智慧化城市管理共享系统。

(三) 平台总体架构

基于 SOA 智慧化城市管理省级平台的总体架构图。

智慧化城市管理省级平台应用软件的支持平台由各类服务器、中间件、服务组件、接口等组成。中间件主要包括工作流中间件、消息中间件、位置服务中间件和系统安全中间件等。服务组件主要指 GIS 服务组件。

系统包括智慧化城市管理相关的软件系统、支撑该软件平台的硬件系统、保障信息安全及服务系统。该平台管理咨询服务 4 大部分内容，可分为业务接入层、业务表示层和逻辑层、数据逻辑层、通信层这 5 个层。

该系统的接入层提供网络、电话、智能终端、PDA、智能手机、传真等多种接入方式，是本系统数据采集和信息发布的重要渠道，也将是未来业务扩展的基础。

该系统应用层主要是省级平台的业务应用系统，包括 1 个平台和 5 个系统，即数据交换平台和省级智慧化城市管理综合分析评价系统、省级智慧化城市管理共享系统、省级城市管理应急指挥系统、省级城市管理公用事业监管系统、省级城市管理公共服务系统。应用层是整个系统业务逻辑集中点，将直接为用户提供各类服务。应用层在整个系统总体架构中，将处于非常重要的地位。

该系统服务层主要是省级平台业务应用系统的支撑平台，服务层由各种中间件、服务组件和接口组成，如消息中间件、GIS 服务组件、工作流中间件、位置服务中间件和安全中间件等。省级平台服务层是整个平台业务实现的支撑，是系统功能和数据扩展的基础，从而保障系统的可扩展性。

该系统数据层是省级平台的数据支撑层，数据层包括系统的数据资源和数据资源管理功能。省级平台的数据包括事件数据、部件数据、基础地形图数据和遥感数据以及其他业务数据。数据管理功能组件集提供对城市管理数据、城市管理安全数据、城市管理社会安全数据、城市基础地形图数据以及城市遥感数据和其他城市管理相关业务数据的管理和维护功能。通过扩展，也可以提供数据的分层和分级安全共享。该层为智慧化城市管理省级平台提供基础数据支持。

该系统通信层主要包括无线通信网络、省智慧化城市管理专网以及政务网等网络设施和相应的硬件基础设施。硬件层将为智慧化城市管理省级平台提供通信、安全等基础设施保障。

标准规范层是该系统实施的技术保障，将遵循住房和城乡建设部颁布的《单元网格划分编码与划分规则》《管理部件和事件分类编码》《地理编码规则》《城市市政综合监管信息系统技术规范》等相关标准。

（四）五大子系统概述

浙江省智慧化城市管理平台以省市县三级政府、公共服务企业和市民为主体，集成网络技术、3S技术、移动技术等多种先进技术，提供了5大方面的系统功能：省级智慧化城市管理分析评价系统、市政公用事业监管系统、城市管理应急指挥系统、民生服务系统、省市领导移动视察系统。

（1）省级智慧化城市管理分析评价系统。省级智慧化城市管理分析评价系统从下属各市、县智慧化城市管理系统接入有关数据，了解各地部件、事件现状及普查成果，及时分析各地发现问题现状、处理结果现状。从而实现对城市管理工作情况分析考评，实现对基层城市管理部门的准确考核评价，切实落实中央城市管理的"源头治理、动态管理"要求。

（2）市政公用事业监管系统。通过系统对全省城市垃圾、污水处理、供水水质、供气设施、园林绿化、城市防汛、抗台等进行实时在线监管。

（3）城市管理应急指挥系统。为省领导对浙江省的防汛、抗台、供水、供气等应急事件宏观决策提供一个基础平台，在特殊情况或有突发、紧急、重大事件发生时作为省应急指挥中心，实现实时视频、实时调度、实时现场情况了解、实时任务的全省联网的应急指挥系统。

（4）民生服务系统。浙江省智慧化城市管理门户网站是浙江省智慧化城市管理面向政府、市民的一个多终端门户，在门户中可以实现全省智慧化城市管理的政府、市民的互动，市民可网上投诉各地城市管理相关问题，省平台监督各地及时处理，实时查看各地智慧化城市管理运行情况，向投诉市民及时公布城市管理问题处理过程及结果。同时基于省级平台开发手机APP"市民通"，提高市民在城市管理中的参与度与互动性，随时掌握社会舆情。通过民生服务系统还可以实现政策法规在线咨询，城市管理问题的投诉，市区中的停车诱导服务，市区的交通状况服务等。

（5）省市领导移动视察系统。提供给各级领导一个移动视察系统，省有关领导在视察各地城市管理部门时，对相应城市管理运行情况实时在线查看。

第二节　智慧城市管理绩效评价的内涵与理论依据

一、绩效评价的概念

绩效评价是企业管理中的一项重大创新，在企业中，管理者将业绩指标进行量化，依靠统计学原理和分析技术建立评价指标体系进行评价。评价的对象由上到下包括企业、部门、个人等，评价范围广，是衡量企业业绩的有效方法。

绩效评价一般包括指标体系建立、信息收集、综合评价、结果反馈4个流程，管理者可以通过绩效评价检验企业经营状况，并对企业未来的发展趋势做出判断。

绩效评价是一项综合性的复杂工程，主要涉及评价主体、客体、评价标准、责任体系、指标建立和评价方法等多种元素。评价主体是评价的执行者，可以从组织内部选取，也可以是外部人员。评价主体要求有一定的知识和能力，能够做到确保评价公正全面；评价的对象即是评价的客体，评价过程中按照评价指标收集客体信息，量化后进行评价；评价标准和责任体系由评价指标的构建者提出；评价方法包括按照指标的不同一般分为定量和定性两种，定性指标由专家或上级领导进行打分，定量指标按照指标体系进行打分，实际操作中，也可以将两种方法结合运用。绩效评价由企业创立并在企业中推广，政府部门在引入绩效评价的过程中要注意以下几点。

第一，因地制宜，确立评价方法。在实际评价过程中，评价指标往往存在难以量化或者量化成本太高的问题。要因地制宜把握好每个指标的尺度从而确立评价方法。如果一味追求将评价指标进行量化，难以量化的指标会导致评价工作无法推进。确立评价方法的重要原则是结合实际，做到定量分析与定性评价相结合，才能把评价工作做好。

第二，充分考虑评价对象职责。评价主体在进行评价时要与评价对象进行充分沟通，依据评价对象的工作职责审核评价指标与评价对象之间的关系，确保评价指标能对评价对象的工作状况进行全面的覆盖。

第三，确保多元化主体参与机制。在评价的具体过程尤其是在公共管理领域的绩效评价过程中应对外公布流程、指标、方式、奖惩机制等具体内容，一方面能够保证评价过程的公开化，透明化，另一方面，也为公民或其他社会机构参与绩效评价提供途径，便于公众进行监督提高评价的公正性和有效性。

第四，完善结果反馈机制。评价的结果，应及时反馈到评价客体和公众。对于评价客体，要依据奖惩机制，对其做出相应的奖励和批评；对于公众，要及时公布评价结果，让公众及时了解情况并进行监督。完善的反馈机制有利于政府不断改善自身提高工作效率[①]。

对城市管理工作进行绩效评价就是以城市为对象，要利用科学的手段采集城市信息，依据评价指标对信息进行分类，从而对城市管理的效果和作用进行评价。评价对象是城市，评价内容和结果与政府在城市管理中的有效行政作用相关。

二、管理绩效的概念

所谓管理绩效，是指计划参加在各级管理者和员工的表现，以实现组织目标。目前的管理绩效主要分为四步：首先要根据企业单位的实际情况对绩效进行设计；第二步要对企业单位的员工进行绩效考核培训，培训的内容主要包括绩效的内容、设计目的、实现方法和考核方法等；第三步要实行绩效的考核；第四步要根据绩效考核的结果进行绩效的反馈。目前的管理绩效主要分为了两大类，即激励型的管理绩效和管控型的管理绩效。第一类侧重于激发员工的工作积极性，比较适用于成长期的企业；第二类是管控型管理绩效，侧重于规范员工的工作行为，比较适用于成熟期的企业。但无论采用哪一种考核方式，其核心都应有利于提升企业的整体绩效，而不应在指标的得分上斤斤计较。

三、管理绩效的作用

管理绩效在现代管理中起着非常重要的作用，西方一些企业把管理绩效作为公司战略的一部分，成为企业文化中的组成部分。一些西方企业拥有很长的历史，公司的各种章程、规定都成为其战略发展的一部分，成为目标

---

① 史蒂文·科恩，罗纳德·布兰德.政府全质量管理——实施指南 [M]. 北京: 中国人民大学出版社，2002: 112.

管理的一种方法。在现代管理中，要把企业的愿景和发展方向，转变成具体的目标，通过这些内容的分解，把公司的目标和方向落实到每个人身上，变成条条框框，实现科学化的管理。整个企业形成一个高效运作的团队，从而提升在市场中的竞争力，维持其生存和发展。通过绩效管理，有效地提升员工对集体的认同感，同时也提升了工作人员的工作热情。从而在各个方面提升企业的竞争力，完成企业的目标。在现代管理中，越来越重视分工明确，分工也越来越细致。而在这样的情况下，绩效就可以准确地评价一个员工的工作量和工作情况，从而对其实现绩效的考核。绩效的考核一方面是对员工进行督促和提高其工作的积极性，而另一方面也是为了监督员工，使员工能够按照企业的章程来工作，为企业创造更大利润。

四、管理绩效方案原则

绩效考核，就是按照一定的标准，采用科学的方法，对企业员工的品德、工作绩效、能力和态度进行综合的检查和评定，以确定其工作业绩和潜力的管理方法。人力资源管理的核心是管理绩效，管理绩效中最重要的环节是绩效评价，而绩效评价是通过考核绩效指标来体现的。绩效考核指标就是将品德、工作绩效、能力和态度用科学方式结合组织特性划分项目与标准，用来进行绩效评价与业绩改善。

公开性原则：以让被考评者了解考核的程序、方法和时间等事宜，提高考核的透明度。

五、城市管理绩效评价理论

(一) 城市管理绩效评价理论

城市管理是对人们所从事的社会、经济、思想、文化活动组织协调控制的总和，是一个城市运行的复杂系统。我国一般认为城市管理是指地方政府对城市的管理。具体是指地方政府按照既定的目标和国家的政策方针，采用一定的方法和原则对城市进行有计划、有组织的活动。尤其在我国经济转型的过程中，城市政府在城市管理中的主导地位是不会动摇和改变的，因为城市政府是我国经济转型改革的主要参与者和领导者及决策者，是推动我国经济建设发展不可缺少的职能部门。

城市管理是地方政府统筹各个部门和社会组织对整个城市的建设进行管理，既要兼顾社会企业和其他组织的利益，也要兼顾城市市民的利益。在国家政策范围之内，对城市进行可持续、长期的发展和规划的过程。城市政府管理自身具有双重性，要求政府的管理以提高整个城市的综合效益和市民的个人效益为主，要求以最小的投入获得最大的效益。在管理的过程中要求规范管理、提高服务。但是政府管理不同于企业管理，它是对整个社会的公共事务进行管理，首先追求的是社会效益。管理学的原理指出：一个合理的政府就是既有效率又有效益的政府。所以说，政府管理是对社会、经济、规划、公共设施、生态环境等一系列活动的管理。

广义的城市管理，包括城市的社会、经济、文化等各个方面。具体来讲分为城市公共基础设施的建设和开发，包括城市卫生、园林、市政等；还有就是对城市的市民管理，包括社区建设、市民管理和社会价值观导向；最后就是指整个城市的经济发展建设管理，招商引资、道路建设、工业发展，等等。

在城市管理理论方面，美国的城市管理学发展得比较早，也比较成熟和迅速，所以产生了不同的学术流派和理论观点。孔兹教授是美国加州大学城市管理理论方面的专家，其出版的图书《城市社会学理论和方法》对城市管理的学派进行了划分。主要有：管理方法学派，这个学派认为城市管理是运用科学的管理方法对城市进行有效的管理，强调方法和管理的科学性；管理经验学派，认为城市管理的好坏和管理者的经验积累有直接的关系，管理者的经验越丰富，城市管理就会越好；行为学派，认为城市管理应该从人性的角度出发，把激励管理人员和市民的自觉性放在重要的位置；社会学派，认为城市是社会体系中的一个重要组成部分，是人类社会发展不可缺少的，它的管理与社会存在的发展有密切的联系，所以要考虑城市管理与社会之间的关系，依据其关系的差异找到关键，改革城市管理方式，加强实践效果；决策学派，城市管理者的决策是否合理、科学，是城市管理是否有效、高效的基础，科学的决策，实行效果必然很好，不科学的决策则会造成城市管理的混乱；数量学派，该学派认为可以通过数学的方法，把城市的管理以数量的形式计算出来。

我国对城市管理方面的研究也取得了一定的成就。就目前的研究来看，国内的学者根据不同的研究方法和理论基础把城市管理分为三个类别：从行政管理的角度出发，把城市管理定义为对城市的行政管理，主要包括城市的经济建设、文化发展、产业转型升级、公共基础设施等；按照政府的职能划分，把城市管理分为各个部门的管理，包括政府的职能建设、公共服务、决策组织等；从政策角度出发，主要是指城市在管理过程中的政策导向、机制建设，等等。

　　随着改革的深入，我国经济的发展要求我们必须在扩大内需、转变经济发展结构的道路上继续深入，城镇化的脚步逐步加快，但城镇化所带来的诸多弊端同样开始显露，如城市垃圾管理混乱等，这些对城市管理提出了新的挑战。加强城市管理不仅仅是国家经济发展的时代要求，更是人民的需要。与此同时，要使政府之外的其他组织也参与到城市管理当中，共同管理城市。我们可以将城市管理定义为：城市管理是以地方政府为主导的，社会其他组织积极参与的，对城市的各个方面进行监督管理的过程。

　　综上所述，从城市管理的实际和理论来看，城市管理是一个复杂的管理过程，它包括城市的自然管理、社会管理、经济管理、建设管理等多方面的管理。涉及城市的方方面面，是多层次、多角度、多系统的复杂的管理活动。

　　政府绩效评价是城市公共管理的重要部分，是政府提高自身办事效率，承担社会责任的重要指标、手段与结果。而且，随着政府自身建设的不断完善，管理绩效评价也受到社会各界的关注与重视，因为管理绩效与评价能够很有效、合理地对政府进行监督，能提升政府在公众心目中的形象。但是，我国地方政府的绩效研究起步比较晚，在理论和实践中结合的程度不高，而且对政府绩效评价的体系也还没有得到长期的发展。加强和完善我国地方政府的绩效评价，建立合理有效的综合评价体系，使用科学合理的评价技术和方法等是今后地方政府加强城市管理的重要途径。

　　当下，对于政府管理的绩效评价，主要从管理能力与管理结果两个角度进行，每种评价方式都各具利弊。大多数国家对政府的评价主要是对其管理能力进行评价，我国对政府城市管理也是采取该评价方式。在政府管理绩效评价体系中，将政府管理能力作为衡量标准，有着许多积极的、有益的作用。它能够使政府不断加强自身的管理、明确自身的职能、提高政府自身的办事效率，能够促进政府长期的发展。我国正处于社会主义和谐社会的关键期，为很好地服务国家建设、社会发展、人民生活，政府管理能力的建设发展，有着重要的意义。

关于管理绩效评价，目前比较有价值的代表是美国雪城大学的马克斯韦尔公民与公共事务学院所作的评价。他把评价的目标重点放在制度建设上面，这样就避免了评价的主观性和不合理性，做到了评价标准的客观性及有效性，可以避免城市因为地区之间收入水平差异、自然环境和历史发展水平等因素对城市绩效评价产生不利的影响。这种绩效评价主要是属于外部评价，而对政府城市管理的评价最重要的就是绩效评价。因为政府对城市的管理如何，最终只能由社会各界人士及上级或者下级政府来对其进行评价。在社会发展与历史进步的探索当中，我国城市管理也在逐步地建立自身的绩效评价系统，主要有政府绩效评价、具体行业的评价、专项绩效评价等多种类型。随着社会经济的发展，各方面改革的逐步深入，在城市管理中引入公民参与变得越来越重要。很多地方政府在政府管理绩效考核体系中，试图实现公民参与，建立多元的评价体系，但是由于我国绩效评价理论不健全、具体实践经验较为匮乏等种种因素，使得这种探索还停留在较为初级的阶段，存在许多问题。要建立适合中国国情的政府管理绩效考核评价体系，仍然有较远的路要走，需要不断创新方式方法，健全体系发展。

(二) 平衡计分卡理论

哈佛商学院教授罗伯特·卡普兰（Robert.S.Kaplan）联合诺兰顿研究所首席执行官戴维·诺顿（David.P.Norton），共同开展了"衡量组织的未来绩效的"课题研究，经过一年的研究与讨论，共同提出了一套区别于以往以财务指标为主的企业绩效评价体系。经过完善与发展，加入了非财务指标体系，从而形成了一套财务指标与非财务指标相结合的多元化的绩效评价理论，这就是"平衡计分卡"理论的雏形。1992年，平衡计分卡的概念正式出现于《哈佛商业评论》中，卡普兰和诺顿联合发表论文《平衡计分卡——绩效驱动指标》。接着，平衡计分卡理论又几经完善，在两人的不断探索下，随着《平衡计分卡：一种革命性的评价和管理系统》和《战略中心型组织》

的发行，平衡计分卡理论终于形成了完备的体系，具备了实践的可能。

随着经济全球化发展的不断加深，世界各个国家都在积极地应对经济全球化的发展，借此机会重新塑造政府的形象。而政府城市管理水平的高低是评价政府绩效的重要指标。我国地方政府要借鉴平衡计分卡绩效评价体系在企业中的成功运用，结合各个部门的实际情况和工作性质，将平衡计分卡绩效评价体系顺利地应用到政府城市管理过程中，提高政府的管理和服务水平，完善政府绩效评价体系。

平衡计分卡绩效评价体系注重每个方面的"平衡"评价，与政府管理的理念互相呼应。平衡计分卡绩效评价体系对于企业的评价不仅仅是针对企业的财务指标，更加关注企业在未来市场中的发展情况和市场竞争力。政府管理绩效的综合理念也是要平衡整个城市的综合发展，即可持续发展的理念。既要考虑到当前城市的发展，也要考虑到城市在未来社会中的发展。所以说，平衡计分卡的绩效评价可以运用到政府的绩效评价中。

平衡计分卡绩效评价体系将政府的短期目标和长期目标转化为对政府的绩效评价指标，能够促进政府城市管理水平的不断提高。它将整体的目标分解为几个方面的评价指标，每个指标又包含具体的指标，通过把目标一层层地分解，可以对具体的目标进行细分和控制，从而促进政府管理绩效的提高。政府部门可以采取这样目标分解的方法，在实施战略目标和绩效评价的时候把既定的目标层层分解出去，方便对目标进行量化管理。平衡计分卡绩效评价体系采用定量、定性相结合的办法，这与政府管理绩效的方法不谋而合。所以说政府可以把平衡绩效评价运用到城市管理的实际中，这样将极大地改善政府综合绩效评价方法。

但是企业的管理绩效评价不能机械地运用到政府管理的绩效评价中，还要根据地方政府自身的绩效评价的特点进行适当修正，才能根据政府自身情况去建立一个科学的、合理的绩效评价体系。这样的模型也是根据财务、顾客、内部控制、学习和成长4个方面来进行构建的。

财务方面。企业的管理绩效是为了提高企业的绩效，从而增加企业的利润，这是企业急需评价的目标。但是政府与企业绩效评价有很大的区别，政府作为非营利性组织，它的管理绩效指标是为了提高城市管理的水平，为实现市民的幸福指数和构建和谐社会服务的，包括财务指标和非财务指标。

非财务指标是指政府为提高城市管理所采取的各种各样的有效措施和方法，如果政府在城市管理方面获得了社会各界的支持和信任，这就说明政府以最少的成本得到了较大的收益。财务指标是指政府在城市管理过程中所支出的一切费用，怎样以最小的成本获得最大的收益是财务指标绩效评价的重要方面。

顾客方面。政府的顾客分为两部分，即政府所服务的公众和与政府有业务往来的个人或组织。公众是政府的服务对象，因此公众的迫切需求、公众的生活环境、公众的生活水平等一切公众的诉求，都应得到政府的重视，尽量为公众达成诉求。这方面衡量政府绩效考核的指标主要是公众满意度、支持率、公共安全感等。与政府有业务往来的个人和组织包括各类投资者和企业，在经济中占有着重要的地位，对于推动当地各方面建设发展有着重要意义。其与政府的合作可以有效确保财政收入，保证政府各项公共事业的开展有足够保障。综上，"顾客"的反馈，对政府有着重要的作用，能够帮助政府获取外部环境、条件的情况，从而有针对性地对质量、服务、体系进行符合"顾客"需求的改革，提高"顾客"满意度。在考核体系中，可以看到具体的考核指标，比如说客户满意度、印象、新的需求、盈利能力和合同履行的准时率等。

政府内部流程方面的改革，是建立在满意度和政府财务目标完成的基础上，效果是十分明显的。完备科学的政府内部流程改革，有益于提高政府服务质量，满足公众需求，增加公众满意度，提高政府信任度。政府内部流程改革包括两个方面的内容，一是政府内部的管理流程改革，二是依据公众需要达成的流程改革。在改革中，政府应当广泛征集民意，依据人民意愿，结合当地实际，制定科学合理的政策，确保公众的满意度以及对公众的吸引力，并且要在具体的实行过程中，根据情况的变化与实践的经验，不断对政策进行调整，以适应不断变化的需求，建设人们满意的政府。对于企业而言，其创新指标、运营指标、售后服务指标，体现在政府绩效考核体系上，就是政策的出台效率以及政策的效果等因素。针对运营指标，表现在政府部分就是政策出台的时效性，政策实施的科学性、有效性，政策预算的合理性等。售后服务指标体现在政府部分，就是群众满意度提高，上访率减少，上访处理效率提高。综上，政府管理绩效考核体系与企业绩效考核体系有许多相似之处，但它们同样有着巨大的区别。

学习和成长方面。我国正处于社会转型的关键期，各方面改革发展日新月异，政府在发展改革中肩负重要使命。为适应时代发展需求，政府也应该不断在学习中发展进步，只有这样才能在复杂多变的国际国内环境中保持国内的平衡发展和稳定，才能不断地提高自己的执政能力。构建学习型政府不仅是时代对中国政府的要求，更是中国人民对政府的内在要求。要加强公务员素质培养，鼓励公务人员自我学习提高，为公务人员学习建立激励机制与便捷通道，扩大人才储备规模，为政府有效、高效服务管理提供人才保障。要积极地采纳工作人员的合理建议，及时弥补政府在管理过程中的不足。只有加强学习，建立学习型政府才能符合时代的发展和人民的需要。由此可以说明平衡绩效评价体系在政府管理过程中也是适用的。

平衡计分卡绩效评价体系应用范围广泛。一是应用于面临竞争压力很大的企业，且这一压力为企业所感知；二是以目标、战略为导向的企业，平衡计分卡绩效评价体系的成功之处就是将企业战略置于管理的中心；三是适用于具有很好的执行文化的企业；四是成本管理水平较高的企业；五是企业信息化管理程度较高的企业。

第三节　浙江省智慧城市管理绩效评价目标和原则

一、浙江省智慧城市管理绩效评价目标

智慧城市管理绩效评价是一个综合指标体系，由若干组指标组成，它是衡量智慧城市管理建设效果的重要方法。它体现了智慧城市管理与社会之间，经济与环境之间以及参与者之间的相互作用，并代表了所产生的经济效益的定量表示。用于评价智慧城市管理系统的目的是进一步确定该系统在管理过程中遇到的各种各样的问题，并纠正和改进这些问题，为后续智慧城市管理的建设和完善提供依据。

智慧城市管理绩效评价系统的重要目标是管理参与者，并协调他们的权力和责任，因此本节认为评价智慧城市管理绩效的指标有五个方面：管理、经济、环境、社会和可持续发展。这五个方面可以有效避免绩效评价体

系的盲目性、片面性和随机性，能够全面反映出智慧城市管理的建设水平。

二、浙江省智慧城市管理绩效评价指标选取原则

智慧城市管理在建设运营过程中有多种作用，本节结合绩效管理的基本原则和方法，在对智慧城市管理绩效评价指标进行选择时主要遵循以下原则。

（1）系统性原则。系统性原则主要是指在指标的选择中必须要从整体的角度出发，充分考虑各方面的因素。对于智慧城市管理绩效评价指标的选择来说，在选择的过程中需要综合考虑各种相关因素，然后针对平台的特点选择最具代表性的指标。从系统性角度看，智慧城市管理绩效评价指标应该涉及政治、经济、文化等，以保证指标选择能够充分反映出其整体的绩效水平[1]。

（2）科学性原则。科学性原则指的是在选择相关指标的时候必须要从当前的实际情况出发，通过科学的方法选择相关的绩效指标。具体来说，智慧城市管理涉及的指标是多种的，在选择的时候不能单纯评价主观因素，需要利用科学的手段对绩效进行评价，以保证选择的指标具有可信性和代表性。

（3）可操作性原则。可操作性原则主要指的是指标的选择不仅具有代表性，同时在后期的评价中还要具有可操作性，能够达到预期的效果。具体来看，智慧城市管理绩效评价指标的选择需要充分考虑智慧城市管理的特点，保证选择的指标既能代表智慧城市管理的特点，同时又有较强的可操作性[2]。

---

① 薛学轩. 大数据在城乡环境综合治理中的应用——以四川省城乡环境综合治理数字化监管平台为例 [J]. 中国科技成果，2017(3)：30-34.
② 彭勃. 从"抓亮点"到"补短板"：整体性城市治理的障碍与路径 [J]. 社会科学，2017(1)：3-10.

第四节　浙江省智慧城市管理绩效评价指标体系构建

一、基础设施指标

基础设施指标是当前智慧城市管理建设中绩效评价的最重要、最基础性的指标之一，对于任何智慧城市管理的建设来说，基础设施建设是确保整个智慧城市管理顺利完成并投入运营的基础。基础设施指标具有极其重要的地位。基础设施指标主要包括4个方面：第一是光纤宽带接入率，光纤宽带是确保智慧城市管理所有工作的基础，可以说如果没有光纤宽带接入，那么智慧城市管理建设的所有工作都无法进行，信息时代光纤和宽带接入是最基本的；第二是无线网络覆盖率，随着信息技术的发展，无线网络已经成为未来网络发展的趋势，无线网络覆盖也是智慧城市管理未来建设的方向；第三是城市管理智慧终端覆盖率，智慧终端作为智慧城市管理建设的最前沿，它的覆盖范围直接决定了智慧城市管理建设的效果，因此，本节在确定基础设施指标时，也选择了该指标；第四，城市管理公共平台和基础数据库覆盖率，智慧城市管理建设的目标之一是为了提高工作人员的工作效率，因此办公自动化以及采用大数据技术对相关信息进行处理以降低人力成本和提高工作效率也是基础设施的重要指标之一[①]。

二、智慧政务指标

作为公共建设项目，智慧城市管理建设代表着整个地方政府的政务工作水平和政府形象，因此，智慧政务指标也成为其考量绩效的重要指标。从当前智慧政务的具体指标看，其具体内容包括：第一，信息公开及时率，信息公开是确保政府维持自身威信力和公信力的重要方式，政府只有及时地将智慧城市管理的相关工作和信息进行公开，接受民众监督，才能保证民众对政府工作的充分信任和支持；第二，信息安全水平，信息时代的信息安全是智慧城市管理建设过程中必须关注的问题，信息安全指标是否达标直接决定了智慧城市管理所有工作能否安全高效开展。因此，信息安全指标必须是智

---

① 吉鸿雁，马新文. 大数据时代大型城市智慧化应用平台的实践与思考 [J]. 中兴通讯技术，2014(20)：21-24.

慧政务的重要指标之一；第三，智慧决策普及率，政府政务决策过程中智慧决策水平也具有非常重要的作用。所谓智慧决策指的是通过现代化信息技术进行决策，这种决策方式可以有效降低时间等相关成本，提高工作效率。

三、惠民服务指标

由于智慧城市管理本质上还是一种社会公共项目，其整个项目建设的最终目的就是要满足社会广大群众的需求。惠民服务指标也是智慧城市管理绩效评价中的重要指标之一，惠民服务指标主要包括：第一，城市管理结案率，城市管理工作的主要内容之一就是对相关的违法行为作出处理，在过去人们需要亲自去政务网点处理自己的违规行为，而智慧城市管理建设下人们通过手机 App、网站等就可以进行相关业务的办理。因此，城市管理结案率是衡量其绩效的重要指标；第二，生活领域服务应用，作为现代化的信息平台，智慧城市管理的网站以及 App 等除了完成基本功能以外，还应该向公众提供服务咨询以及其他生活方面的相关服务，以提高平台使用效率；第三，城市管理服务满意度，智慧城市管理的服务对象是民众，因此其能否获得大众支持就显得非常重要，民众服务满意度主要是指其是否存在信息公布不及时等影响民众满意度的情况；第四，监督与投诉率，这主要是指其是否可以提供顺畅的渠道接受民众的监督和投诉，并能对其提出的问题作出及时的处理。

四、保障性指标

智慧城市管理在建设前、建设中以及建设后的交付使用需要大量的资金、物力等投入，只有这样才能确保顺利建设完成并在后期稳定运行。从智慧城市管理绩效评价的保障性指标看，该指标主要包括：第一，政策法规保障度指标，智慧城市管理在建设及后期的使用中是需要相应的政策以及法律法规作为基础的，只有这样才能确保相关的工作能够合规合法进行；第二，组织建制完善度，所谓组织建制指的是相关的制度规定。智慧城市管理的相关工作都需要有完整的制度作为依据，制度建设的完善度是所有工作开展所需要遵循的依据，因此绩效评价指标必须将其纳入其中；第三，资金投入水平，智慧城市管理的建设和后期维护都是需要资金作为支撑的，资金的投入水平是基本保障。

五、发展性指标

要实现社会的持续稳定发展就要坚持可持续发展原则，智慧城市管理由于自身具有的公共性，更要加强对可持续发展的重视。客观而言，可持续发展指标涵盖了三方面的内容：其一，整体发展可持续就是建立在整体的角度，对其之后的发展情况予以分析，以确保其能够一直发挥正面影响；其二，环境与资源可持续意味着在推进过程中可以确保对各种资源的有效利用，并且在发展过程中并不导致环境污染的问题出现；其三，服务人次增长率高意味着民众对其认可度较高，愿意通过该平台办理业务来进行等。

结束语

建立智慧化城市管理体系，可以将辖区内的各类城市管理部件纳入监测范围，及时发现和处理各类事故和突发事件，改变过去城市管理工作中各部门消极、被动的工作模式。目前，我国智慧城市管理采取了如下创新途径。

(一) 大胆尝试管理机制创新

为了理顺智慧城市管理的管理机制，按照"大部制"改革方向，以构建代表地方政府的智慧化城市管理监督指挥中心的方式，虚拟一个综合管理机构；以建立智慧城市管理业务流程和运行机制的形式，虚拟一套城市综合管理体系，成功检验了在一个行业内实施高位监督、高位考核机制的合理性、可行性和有效性，创新和印证了城市管理体制改革的正确路径。在此基础上，将城市管理部件、事件的产权维护和事权管理单位作为问题处置的责任主体，明确职能，厘清责任。同时，积极促进管理责任和执法力量"下移"，从而理顺了管理机制，推进了"扁平化"管理，有效提高了处置效率。

(二) 积极进行管理方法创新

积极运用现代城市管理理念，改造提升传统城市管理方法和手段，推进了城市管理的精细化、规范化和常态化，完成了以下7个方面管理技术和应用技术创新。

(1) 建设了智慧化城市管理信息系统平台。为城市管理智慧化提供了运行载体。

(2) 建设了满足智慧城市管理运行的基础数据、业务数据和业务支撑数据库。包括地理空间框架数据、单元网格数据、部件和事件、地理编码数据以及元数据。

(3) 研发了智慧城市管理9个基本应用子系统。包括监管数据无线采集子系统 (又称城市管理通)、监督中心呼叫受理子系统、协同工作子系统、地理编码子系统、监督指挥子系统、综合评价子系统、应用维护子系统、基础数据资源管理子系统和数据交换子系统。近年来随着智慧城市管理的深度发展，根据需要不断创新拓展了更多应用系统，并加快了智慧化升级进程。

（4）实行了"单元网格管理法""部件、事件管理法"。"单元网格管理法"就是将智慧城市管理监管区域原则上按1万平方米划分为1个单元网格，若干单元网格组成责任网格，以便划清管理范围，明确责任边界。"部件、事件管理法"就是将管理对象共5大类183小类部件，6大类83小类事件，逐一加注"身份证"，弄清产权和事权，把管理责任层层落实到不同管理主体，为城市管理规范化、精细化提供了基本单元和基本思维。

（5）建设了智慧城市管理闭环业务流程。系统业务主要流程包括信息收集、案件建立、任务派遣、任务处理、处理反馈和核查结案6个阶段，涉及监督员和社会公众、监督中心、指挥中心和专业部门等4个环节。它是一个闭环管理流程，而且每个环节都有回路，能够监督每个问题是否确实已经解决。

（7）实现了系统平台建设市场化。包括软硬件实行公开招标，信息采集、呼叫座席、系统维护等运行项目实行服务外包等。

（三）认真搞好管理制度创新

智慧城市管理围绕建立城市管理核心动力机制进行制度创新，在其模式设计和模式验收的相关标准中，都将智慧城市管理运行结果的考核评价作为保证模式健康运行和可持续发展的根本措施，要求把考核结果纳入地方政府对有关城市管理部门的绩效考核、行政效能监察和干部考核等制度体系中，形成涵盖上下左右、纵横交错的考评网络，从而建成了科学的监督、处置、考核"三位一体"的城市管理长效机制。智慧城市管理遵循现代城市管理的基本规律，以全新的管理思想和管理理念，经过近15年对城市管理机制、管理方法、管理制度改革等进行的坚持不懈、卓有成效地探索与实践，不仅保障与推动了智慧城市管理事业健康可持续发展，而且为城市管理乃至城市执法体制改革提供了成功的实践案例。但是，在其发展过程中，既面临着矛盾、问题的严峻挑战，又具有前进与发展的良好机遇，如何因势利导，乘势而上，在理论与实践的结合上探索出一条健康可持续发展的新路子，是摆在城市管理工作者面前的重要课题。

参考文献

[1] 仇保兴，陈蒙．数字孪生城市及其应用 [J]．城市发展研究，2022，29(11)：1-9.

[2] 孟玉，任宗强．城市综合地下管网管理信息系统建设与应用分析 [J]．工程与建设，2022，36(04)：1191-1194.

[3] 李超，刘君武，王理，等．数字孪生在智慧城市中的应用 [J]．中国检验检测，2022，30(04)：42-46.

[4] 构建数字城管新模式 [J]．中国建设信息化，2022(13)：24-25.

[5] 刘娈娈．数字档案在数字化城市管理中的开发和应用 [J]．兰台内外，2022(20)：4-6.

[6] 张家港：以"新城建"推动城市高质量发展 [J]．中国建设信息化，2022(11)：43-45.

[7] 武娟．鹤壁市数字化城市管理问题与对策研究 [D]．郑州：华北水利水电大学，2022.

[8] 袁韶华，左晓宝，施松．数字经济时代城市应急管理事件的防范与应对 [J]．城市与减灾，2022(03)：7-12.

[9] 陈红松，韩至，邓淑宁．智慧城市中大数据安全分析与研究 [J]．信息网络安全，2015(7)：1-6.

[10] 唐晓露．数字政府背景下城市管理综合执法路径优化研究 [D]．合肥：安徽建筑大学，2022.

[11] 袁垚．数字经济赋能盐城高质量发展 [J]．唯实，2022(04)：47-51.

[12] 塞因普·恩金，贾斯汀·范戴克，田兰，等．数据驱动的城市管理：全景总览 [J]．中国治理评论，2022(01)：59-79.

[13] 张东坡．打造城市综合管理服务平台的实践探索 [J]．智能建筑与智慧城市，2021(12)：65-66.

[14] 张楠．Q 市智慧城管建设中的问题及对策研究 [D]．秦皇岛：燕山大学，2021.

[15] 牛俊晓.基于云计算数据中心的数字城市研究与应用 [J].产业创新研究，2021（22）：39-41.

[16] 马照亭，刘勇，沈建明，等.智慧城市时空大数据平台建设的问题思考 [J].测绘科学，2019，44（6）：279-284.

[17] 李德仁，姚远，邵振峰.智慧城市中的大数据 [J].武汉大学学报（信息科学版），2014，39（6）：631-640.

[18] 李帆.智慧城市大数据中心功能与架构探讨 [J].智能建筑与智慧城市，2018（12）：67-69.

[19] 刘素芬，游海疆，张宗正.数字时代城市治理与城市发展探索——"第四届海峡两岸城市管理论坛"综述 [J].城市管理与科技，2021，22（05）：54-57.

[20] 王仕新.G 市数字化城市管理问题及对策研究 [D].重庆：西南政法大学，2021.

[21] 牟春波，吴辉.新型城市管理基础设施建设思考 [J].互联网天地，2021（08）：56-60.

[22] 韩琭，董晓珍.数字经济与公众参与治霾行为：影响机理及实证检验 [J].山东财经大学学报，2021，33（03）：69-79.

[23] 余池明，曾永光.中国城市管理工作方针的演变与发展趋势 [J].中国名城，2021，35（05）：14-22.

[24] 林晓敏.数字化城市管理问题研究 [D].西宁：青海师范大学，2021.

[25] 邢鸿雁.数字化城市管理中存在的问题及对策 [J].住宅与房地产，2021（12）：33-34.

[26] 苏冕.数智城市，惠利产业＋民生 [J].产城，2021（03）：56-57.

[27] 高凡.从数智到数"治"，数字化城管两项新国标启动编制 [J].中国建设信息化，2021（01）：32-33.

[28] 杨相传.新模式、新场景、新时间——基于数字孪生的城市建设管理新范式 [J].软件和集成电路，2020（12）：40-41.

[29] 张洁梅，唐冰辛.数字经济时代中国城市实现精细化管理的路径研究 [J].区域经济评论，2020（06）：94-100.

[30] 焦永利，史晨.从数字化城市管理到智慧化城市治理：城市治理

范式变革的中国路径研究 [J]. 福建论坛（人文社会科学版），2020
(11)：37-48.

[31] 周志峰，李丹彤，耿丹. 数字化城市管理标准体系框架建设初探
[J]. 城市勘测，2020(05)：28-31.

[32] 朱洪波. 华为城市综合管理服务平台实施架构 [J]. 中国建设信息
化，2020(19)：50-53.

[33] 张雪蓉. 数字化城市管理模式研究 [J]. 中国高新科技，2020(19)：
128-129.

[34] 杨伟娟. 数字化城市设计管理模式探讨 [J]. 江西建材，2020(09)：
215-216.

[35] 朱洪波，薛松. 城市综合管理服务平台实施架构与建议 [J]. 住宅产
业，2020(09)：76-81.

[36] 苏兆贝. 新时期城市管理档案数字化策略探析 [J]. 传媒论坛，
2020，3(20)：115-116，118.

[37] 何维予. 数字化城市管理问题的探讨 [J]. 中国管理信息化，2020，
23(16)：198-199.

[38] 钱丽琴. YQ 市数字化城管问题及对策研究 [D]. 哈尔滨：黑龙江
八一农垦大学，2020.

[39] 李佳微. 吉林市数字化城市管理问题研究 [D]. 长春：长春工业大
学，2020.

[40] 闫立沙. 大数据时代数字化城市管理智慧应用 [J]. 住宅与房地产，
2020(12)：256.

[41] 李华. 数字化城市管理到公众参与城市治理的制度分析 [J]. 国家治
理现代化研究，2019(02)：76-95，244-245.

[42] 张昭，陈胜刚. 基于数字化时代视角下的智慧城市管理 [J]. 科技创
新与应用，2019(34)：190-191.

[43] 智慧化城市管理体系构建数字长春 [J]. 中国建设信息化，2019
(19)：15-19.

[44] 打造智慧化城市管理体系 [J]. 中国建设信息化，2019(17)：26-28.

[45] 数字化城市管理的"南阳实践" [J]. 南阳市人民政府公报，2019
(09)：28-29.

[46] 李光政.数字化城市管理的现状与对策研究 [J]. 全国流通经济，2019(17)：106-107.

[47] 康美娟.智慧顺义数字科技驱动城市管理革新 [J]. 中国测绘，2019(06)：37-41.

[48] 张嘉伟.中小城市街区数字化管理的评价研究 [D]. 蚌埠：安徽财经大学，2019.

[49] 马春莉，崔迪，乔真，等.关于数字化城市管理模式管理理论创新点的探讨与实践 [J]. 中国建设信息化，2019(09)：65-67.

[50] 刘晓星.数字新技术为智慧城市管理提供支撑 [J]. 环境经济，2019(09)：54-55.

[51] 滕吉文，司芗，刘少华.当代新型智慧城市属性、理念、构筑与大数据 [J]. 科学技术与工程，2019，19(36)：1-20.

[52] 史蒂文·科恩，罗纳德·布兰德.政府全面质量管理：实践指南 [M]. 北京：中国人民大学出版社，2002：112.

[53] 薛学轩.大数据在城乡环境综合治理中的应用——以四川省城乡环境综合治理数字化监管平台为例 [J]. 中国科技成果，2017（3）：30-34.

[54] 彭勃.从"抓亮点"到"补短板"：整体性城市治理的障碍与路径 [J]. 社会科学，2017(1)：3-10.

[55] 吉鸿雁，马新文.大数据时代大型城市智慧化应用平台的实践与思考 [J]. 中兴通讯技术，2014(20)：21-24.

[56] 打造"智慧城管"平台，赋能城市精细化管理 [J]. 中国建设信息化，2023(01)：26-27.

[57] 安顺市以"人"为核心，推进城市运行管理服务平台建设 [J]. 中国建设信息化，2023(01)：36-39.

[58] 临沂市：构建新型智慧城市管理体系 [J]. 中国建设信息化，2023(01)：48-55.

[59] 史运龙，张润.山西省互联网经济发展推进智慧城市建设问题研究 [J]. 互联网周刊，2023(01)：70-72.